Rolf Morrien

Erfolgreich Anlegen
mit
„Morriens Power-Depot"

Gebrauchsanweisung: So schlagen Sie mit der „Power-Depot-Strategie" den DAX und den MSCI

Bibliografische Information der Deutschen Bibliothek
Die Deutsche Bibliothek verzeichnet diese
Publikation in der Deutschen Nationalbibliografie;
detaillierte bibliografische Daten sind im
Internet über http://dnb.ddb.de abrufbar

Impressum

© 2020 by GeVestor Financial Publishing Group
Theodor-Heuss-Straße 2–4 · 53177 Bonn
Telefon +49 228 8205-0 · Telefax +49 228 3696010
info@gevestor.de · www.gevestor.de
Chefredakteur: Rolf Morrien, Rheinbrohl (V.i.S.d.P.)
Satz: ce redaktionsbüro für digitales publizieren, Heinsberg
Umschlagbild: imageteam@fotolia
Druck: Beltz Bad Langensalza GmbH, Bad Langensalza

ISBN 978-3-8125-1955-7

GeVestor ist ein Unternehmensbereich
der Verlag für die Deutsche Wirtschaft AG
Vorstand: Richard Rentrop · USt.-ID: DE 812639372
Amtsgericht Bonn, HRB 8165

Redaktions-Chat: dienstags 18–19 Uhr
Telefonische Redaktionssprechstunde: mittwochs 10–12 Uhr

Haftungsausschluss
Unsere Informationen basieren auf Quellen, die wir für zuverlässig erachten.
Eine Haftung für die Verbindlichkeit und Richtigkeit der Angaben kann
allerdings nicht übernommen werden.

Inhalt

Rolf Morrien hat in Münster und Wien studiert und arbeitet heute als unabhängiger Analyst und Finanzjournalist in Rheinbrohl. Er ist Chefredakteur von „Morriens Power Depot", „Morriens Einsteiger Depot" und dem „Depot Optimierer". Insgesamt beschäftigt er sich bereits seit mehr als 20 Jahren mit Aktien und Optionsscheinen.

Liebe Leserin, lieber Leser!

Herzlichen Glückwunsch zur Bestellung von „Morriens Power-Depot". Damit haben Sie ein Instrument in der Hand, das Ihnen helfen wird, Ihren Anlageerfolg an der Börse kurz- und mittelfristig gezielt zu optimieren.

Machen Sie sich dabei klar, dass Ihnen gerade in der gegenwärtigen Lage an den Wertpapiermärkten nur ein Scharlatan „Börsengewinne auf Knopfdruck" versprechen kann, und dass sämtliche auch in diesem Dienst ausgesprochenen Anlageempfehlungen nicht nur mit Chancen, sondern auch mit entsprechenden Risiken verbunden sind.

Nutzen Sie die Empfehlungen erfolgreich

„Morriens Power-Depot" ermöglicht Ihnen, Ihre Verlustrisiken systematisch zu begrenzen und Ihre Anlagechancen zu erhöhen. Dies gelingt mithilfe von klar definierten und in jeder Empfehlung ausdrücklich genannten Kurslimits oder Limitbandbreiten und der Angabe der umsatzstärksten Börsenplätze. Wenn Sie die ausgesprochenen Kauf- und Verkaufsempfehlungen mit dem notwendigen Augenmaß nach den auf den folgenden Seiten aufgeführten Grundsätzen umsetzen, sollte der Erfolg nicht ausbleiben.

Seien Sie nicht enttäuscht, wenn die eine oder andere Transaktion einmal nicht oder nicht so aufgeht, wie dies zum Zeitpunkt der Analyse und des Versands der Eil-Mitteilung zu erwarten war. Das kann bei kurzfristigen Investments kaum anders sein. Dafür werden Sie mit einer anderen Empfehlung höhere Gewinne einfahren als zunächst angenommen.

Sichern Sie sich Ihre Gewinnchancen

Ich ziehe es aus strategischen Gründen grundsätzlich vor, eine Depotposition lieber einmal zu früh als zu spät zu verkaufen, um Verluste zu vermeiden. Hohe Gewinne sichere ich grundsätzlich mit mentalen Stop-Loss-Marken ab, Hebel-Instrumente mit festen Stop-Loss-Marken (sollte es aus markttechnischen Gründen Ausnahmen geben, werden diese extra angekündigt).

Ziel soll immer sein, Gewinne laufen zu lassen und Verluste zu begrenzen. Vermeiden Sie es auch, einen zu hohen Betrag für eine einzelne Empfehlung zu verwenden – auch wenn die Chancen auf einen kräftigen Gewinn groß scheinen.

Der 30-Tage-Test soll Ihnen ermöglichen, die Gewinnchancen des Power-Depots real und in der Praxis nachvollziehen zu können.

Rekord-Bilanz: +1.044,3% Gewinn in 52 Monaten als Puffer für Crash-Phasen

Ein größerer und dauerhafter Gewinn aus Ihrem Engagement wird sich mit dieser Anlage nach einigen getätigten Empfehlungen einstellen. So konnten die Leser des Power-Depots ihr investiertes Kapital in den 52 Monaten von Februar 2003 bis Juni 2007 vervielfachen. Die geprüfte Performance lag exakt bei +1.044,3%.

Wenn Sie nur auf den MSCI-Welt-Index setzen, werden Sie ein solches Ergebnis nie erreichen können. Der MSCI-Welt-Index machte in der Zeit nur +88,9% Gewinn.

Mit „Morriens Power-Depot" helfe ich Ihnen, Ihre Gewinne auch zukünftig zu maximieren. Nach einer solch erfolgreichen Phase können Sie Ihr eingesetztes Kapital wieder herausziehen und nur von den erwirtschafteten Gewinnen Ihre weiteren Engagements tätigen. Diese Gewinnmitnahmen sind auch wichtig, um Crash-Phasen, wie wir sie 2007 bis 2009 oder im Sommer 2011 überstehen mussten, zu meistern.

Kommt es in solchen Phasen zu Verlust-Trades, ist nur ein Teil der vorher erzielten Gewinne betroffen, nicht das ursprünglich eingesetzte Kapital. Daher die Empfehlung: Schichten Sie nach einer längeren Gewinnphase einen Teil des Kapitals in Ihr sicheres Basis-Depot um. So bleibt es immer bei der empfohlenen 70:30-Depot-Struktur (dazu später mehr).

Ich wünsche Ihnen für Ihre Transaktionen viel Erfolg.

Wie Sie „Morriens Power-Depot" nutzen

Warum der Eildienst für Sie als Anleger vorteilhaft ist ...

Gerade in den vergangenen Monaten hat sich eines an der Börse immer wieder gezeigt: Die langfristigen Trends (ob aufwärts oder abwärts gerichtet) sind vorläufig vorüber. Wer in den vergangenen 10 Jahren angesichts der enormen Börsenschwankungen mit Aktien überhaupt noch gewinnen wollte, tat gut daran, nicht nur langfristige Positionen aufzubauen, sondern auch die Gelegenheit wahrzunehmen, kurzfristige Trading-Gewinne so schnell wie möglich zu realisieren. Dabei wird Ihnen „Morrien Power-Depot" künftig eine wertvolle Hilfe sein.

Da klare Trends zurzeit Mangelware sind, können Sie sich auf spezielle Investments konzentrieren. Ein erfolgreiches Beispiel ist Gold. Während der DAX in den vergangenen 10 Jahren mehrfach eine Achterbahnfahrt erlebte, boten die Edelmetall- und Rohstoffmärkte in dieser Phase sehr gut handelbare Aufwärtstrends. Daher gehörten Gold, Silber, Öl oder auch Stahl-Aktien zu den erfolgreichsten Trades im Power-Depot. Je nach Marktlage kann der Eildienst aus den verschiedenen Anlageklassen auswählen.

... und Sie nur einen Teil Ihres Kapitals für kurzfristige Anlagechancen nutzen sollten

„Morriens Power-Depot" besteht aus 3 Depots mit jeweils maximal 5 bis 7 Positionen (insgesamt maximal 20 Positionen):

● Turbo-Depot (Optionsscheine und Hebel-Zertifikate)
● Extra-Chance (Aktien in Sondersituationen)

● Nebenwerte-Favoriten (unterbewertete Nebenwerte aus Deutschland, Österreich und der Schweiz)

Es kann aber auch vorkommen, dass ein Depot keine Positionen enthält, wenn beispielsweise die Märkte keine klare Richtung anzeigen.

Die Empfehlungen aus „Morriens Power-Depot" sollten wertmäßig **nicht mehr als 30% Ihres Gesamt-Depots** ausmachen. Wenn der Anteil durch starke Zugewinne deutlich höher geworden ist, können Sie den ursprünglich investierten Betrag umschichten und das Geld langfristig investieren. Falls nach weiteren erfolgreichen Empfehlungen der Anteil wieder höher liegt, können Sie erneut umschichten und so das Risiko immer klar kalkulieren.

Das gesamte Anlagevermögen im Blick behalten

Den Großteil Ihres Anlagevermögens können Sie in substanzstarke Aktien, Zinspapiere und Mischfonds investieren. Diese Positionen brauchen Sie seltener umzuschichten. Das heißt aber nicht, dass Sie diese Werte nicht auch sorgfältig im Blick halten sollten.

Das „Kaufen und liegen lassen" von stark in den Verlust geratenen Positionen kann heute an der Börse – entgegen dem altbekannten Rat von André Kostolany – eher eine Geldvernichtungs- statt eine Gewinnstrategie sein. Und umgekehrt hat der Hype Ende der 90er-Jahre und die Boomphase bis Mitte 2007 gelehrt, schnell aufgelaufene Gewinne in Übertreibungsphasen an den Märkten auch vorzeitig zu realisieren, selbst wenn der von Ihnen dafür ursprünglich ins Auge gefasste Zeithorizont nicht einmal annähernd erreicht ist.

Schnelle Reaktion bei schneller Veränderung

All das bedeutet für Sie: Nicht nur bei den von vornherein unter Tradinggesichtspunkten kurzfristig angelegten Geldern, sondern auch bei Ihrem überwiegend mittel- und langfristig investierten Wertpapiervermögen ist es gerade in diesen Zeiten besonders wichtig, auf plötzliche Veränderungen politischer, wirtschaftlicher oder marktpsychologischer Art sofort zu reagieren. Nur so werden Sie in den kommenden Jahren Anlagechancen optimal nutzen und möglichen Verlustrisiken aus dem Weg gehen können.

Was Sie in diesem Eildienst finden werden

„Morriens Power-Depot" ist also – anders als vergleichbare Publikationen – **kein** Tradingdienst üblicher Art. Es geht nicht darum, Ihnen Tag für Tag die letzten „heißen Tipps" aus exotischen Märkten zu verkaufen, mit denen Sie in kürzester Zeit reich werden können. Wer Ihnen so etwas verspricht, ist in erster Linie nur an einem interessiert: Ihrem Geld.

Sie werden in den Eil-Mitteilungen Hinweise bekommen auf **Aktien, Optionsscheine, Hebel-Zertifikate** und andere Anlageinstrumente, bei denen sich eine kurzfristige Chance oder ein Schnäppchen auch nur für wenige Tage oder Wochen für Sie lohnt. Basis sind stets bekannte Werte, um die Sicherheit, Nachvollziehbarkeit und Handelbarkeit zu erhöhen. Ein weiterer Schwerpunkt meines Eildienstes wird aber auch darauf beruhen, Ihnen vor dem Hintergrund aktueller Veränderungen an den Märkten sich kurzfristig ergebende
● Handlungsperspektiven,
● Anlagechancen und
● Gewinnstrategien
aufzuzeigen, mit deren Hilfe Sie Ihre gesamten Wertpapieranlagen noch zeitnaher und daher auch besser steuern und Ihre Anlagerendite insgesamt optimieren können.

Während es in vielen, manchmal nur knapp eine Seite umfassenden Eil-Mitteilungen also darum geht, Ihnen konkrete **Kauf- und Verkaufsempfehlungen** zu geben, geht es z. B. in einer anderen Ausgabe um eine **brandaktuelle Einschätzung** der Märkte, an der

Sie Ihre eigenen Kauf- und Verkaufsentscheidungen konkret ausrichten können. In einem weiteren Teil der Ausgaben werden Sie Hinweise zu früheren Empfehlungen des Eildienstes – **Updates** – finden.

So vermeiden Sie Investments in zu „engen" Märkten

Sie erhalten in den Eil-Mitteilungen also **keine** Kaufempfehlungen für exotische Pennystocks und ähnliche Werte von Kleinstunternehmen, deren Kursentwicklung aufgrund völlig unzureichender Börsenumsätze dem reinsten Zufall überlassen sind und der Manipulation Tür und Tor öffnen. Auch werden Ihnen keine Optionsscheine und Hebel-Zertifikate empfohlen, wenn diese nicht an den liquiden Derivatebörsen in Stuttgart oder Frankfurt gehandelt werden und aufgrund der Erfahrungen die Gefahr besteht, dass die gestellten Preise nicht fair sind.

Andernfalls könnte es sein, dass Sie eine Position zwar aufbauen, in einer besonders kritischen Marktsituation diese Position aber nur unter erheblichen Preiszugeständnissen oder gar Verlusten auflösen könnten. Sie werden also immer auch auf die möglichen Risiken eines Investments deutlich hingewiesen.

Wann und wie häufig die Eil-Mitteilungen erscheinen

Der Umfang, die Häufigkeit und der genaue Zeitpunkt des Erscheinens einer „Ausgabe" richten sich nach der aktuellen Notwendigkeit. Am frühen Morgen bewerte ich für Sie, was sich an den asiatischen Märkten getan hat, tagsüber steht der deutsche Aktienmarkt

Sobald ein Markt eindeutige Kauf- oder Verkaufssignale sendet, bekommen Sie von mir eine Eil-Mitteilung per E-Mail, SMS, App oder Fax geschickt.

im Mittelpunkt und am Abend habe ich für Sie die Entwicklung an der Wall Street in New York im Blick.

Einmal pro Woche können Sie aber mit einer Ausgabe selbst dann rechnen, wenn wir uns in einer ereignislosen Seitwärtsbewegung befinden, in der sich keine aktuellen Käufe oder Verkäufe anbieten. Als Nutzer eines Eildienstes haben Sie nichts von turnusmäßigen Kaufempfehlungen. Wenn die Börse in einer bestimmten Phase zur Zurückhaltung mahnt, werden Sie daher auch keine Kaufempfehlung erhalten. Alles andere wäre nicht in Ihrem Interesse als intelligenter Anleger.

Klasse statt Masse

Jeder Analyst kann Ihnen Woche für Woche ohne viel Mühe 100 Kaufempfehlungen zusammenstellen. Es kommt für Sie als Anleger aber allein darauf an, dass diese wirklich gut sind. Wenn Sie von mir ein Fax oder eine E-Mail mit einer Kaufempfehlung erhalten, dann nur aus dem Grund, weil ich eine echte Investitions-Chance für Sie analysiert habe, nicht, weil ich Werbeseiten mit Anzeigen verkaufen muss wie einige andere Börsendienste.

„Morriens Power-Depot" bietet Ihnen daher keine Masse, sondern Klasse. Nur das ist seriös und fördert Ihren Anlageerfolg an der Börse. Theoretisch kann es daher sein, dass Sie in einer Woche 3 oder 4 Mitteilungen erhalten, in einer anderen Woche dagegen nur eine. Die Eil-Mitteilungen sind topaktuell und können daher um Mitternacht, frühmorgens oder zu irgendeinem anderen Zeitpunkt am Tag bei Ihnen eingehen.

Damit Sie sofort wissen, wie Sie am besten mit einer Eil-Mitteilung umgehen, nenne ich Ihnen die **Dringlichkeitsstufen:**

1. **sofort**
2. **möglichst bald**
3. **in absehbarerer Zeit**

Die Dringlichkeitsstufen der Eil-Mitteilungen

● **sofort** (innerhalb weniger Stunden kaufen oder verkaufen) = **Dringlichkeitsstufe 1**

Hier sehen Sie eine von mir verschickte Eil-Mitteilung der Dringlichkeitsstufe 1:

Eil-Mitteilungen	Redaktion Deutschland
07.07.2004	Verlag f. d. Deutsche Wirtschaft AG
28. Woche 2004 – Nr. 121	Dringlichkeitsstufe 1

Liebe Leser,
aus Moskau wird heute gemeldet, dass eine Lösung für die Yukos-Krise in Sicht ist. Der inhaftierte Großaktionär und ehemalige Vorstands-Chef, Chodorkowski, ist laut Agenturmeldungen bereit, sein Aktienpaket abzutreten. Präsident Putin hätte damit alle Ziele erreicht. Kommt es zu dieser Lösung, steht der russische Aktienmarkt vor einer deutlichen Erholung. Meine Empfehlung: Kaufen Sie heute an der Börse Stuttgart ein Hebel-Zertifikat auf den russischen Index RDX (WKN 163153, ISIN AT0000340542) bis zu einem Kurs von rund 3,75 € (aktueller Kurs: 3,46 €).
Der Hebel des Zertifikats liegt bei 2,1, die Knock-out-Barriere bei 393 Punkten. Der RDX-Index notiert heute leicht positiv bei 706 Punkten. Der Abstand zur Knock-out-Schwelle liegt also bei fast 50%. Dieser Sicherheitspuffer ist aus meiner Sicht ausreichend. Das Zertifikat hat keine Laufzeitbeschränkung.

Ihr Rolf Morrien

● **möglichst bald** (innerhalb von 1 bis 2 Tagen, aktuelle Veränderung, Änderung von Kauf- oder Verkaufsorder, neue Stop-Loss-Marke) = **Dringlichkeitsstufe 2**

Hier sehen Sie eine von mir verschickte Eil-Mitteilung der Dringlichkeitsstufe 2:

Eil-Mitteilungen	Redaktion Deutschland
26.05.2004	Verlag f. d. Deutsche Wirtschaft AG
22. Woche 2004 – Nr. 110	Dringlichkeitsstufe 2

Liebe Leser,
die Börse präsentiert sich in dieser Woche wieder etwas freundlicher. Der DAX notiert am Mittag deutlich fester bei 3.885 Punkten. Eine Entwarnung kann ich Ihnen aber noch nicht geben. Auf der einen Seite überzeugen viele Unternehmen mit unerwartet guten Zahlen für das 1. Quartal, auf der anderen Seite können ein wieder steigender Öl-Preis oder eine neue Eskalation im Nahen Osten jederzeit zu einem Rückschlag von 10% oder mehr führen.
Da sich unser Trading-Depot in den vergangenen 14 Tagen überdurchschnittlich gut entwi-

ckelt hat, empfehle ich Ihnen, einen Teil der Gewinne durch Stop-Loss-Limits abzusichern. Der Kauf-Optionsschein auf Depfa (WKN TB0AE0) kostet an der Stuttgarter Börse zurzeit 1,79 €. Das entspricht einem Plus von +25% seit der Empfehlung. Legen Sie Ihre Stop-Loss-Marke in den Bereich Ihres Einstiegskurses zwischen 1,40 und 1,45 €. Stärker als der DAX hat auch die Bayer-Aktie (WKN 575200) zugelegt. In Frankfurt notiert die Aktie bei 22,86 €. Das sind +16% seit der Empfehlung, und zusätzlich haben Sie schon 0,50 € Dividende je Aktie erhalten. Als Gewinnabsicherung bietet sich eine Stop-Loss-Marke zwischen 20,00 und 20,50 € an.

Ihr Rolf Morrien

● **in absehbarer Zeit** (innerhalb von 1 Woche – sie dient zu Ihrer Information, neue Markteinschätzung) = **Dringlichkeitsstufe 3**

Hier sehen Sie eine von mir verschickte Eil-Mitteilung der Dringlichkeitsstufe 3

Eil-Mitteilungen
08.06.2004
24. Woche 2004 – Nr. 112

Redaktion Deutschland
Verlag f. d. Deutsche Wirtschaft AG
Dringlichkeitsstufe 3

Liebe Leser,
für die Entwicklung des deutschen Aktienmarktes ist der Börsengang der Postbank extrem wichtig. Meine Empfehlung: Zeichnen Sie die Aktie nicht. Die Preisspanne von 31,50 bis 36,50 € ist zu hoch. Die Banken werden versuchen, den Börsengang halbwegs erfolgreich über die Bühne zu bringen, damit weitere Unternehmen den Sprung an die Börse wagen. Sollte der Börsengang doch noch überraschend platzen, könnte das den DAX deutlich nach unten reißen. Ich konzentriere mich bei den Empfehlungen weiterhin auf Spezial-Situationen, die weniger vom allgemeinen Markttrend abhängen.
Bei der Vorzugsaktie von Fresenius Medical Care (578583) konnten Sie in der Vorwoche zum Zuge kommen. Aktuell notiert die Aktie mit 44,75 € knapp über dem Einstiegskurs. Sollte es zu einer Verschmelzung mit den deutlich teureren Stammaktien kommen, erwarte ich einen zweistelligen Kurssprung. Bleiben Sie weiter investiert. Falls Sie noch nicht gekauft haben, können Sie im Xetra-Handel bei Kursen bis 45,50 € neu einsteigen.
Die Aktie von Bayer (WKN 575200) nähert sich langsam dem ersten Kursziel von 25 € (aktuell: 23,25 €). Kurstreibend wirkt die Abspaltung der Chemiesparte. Durch die Aufteilung wird der Wert der einzelnen Sparten sichtbar. In einem positiven Marktumfeld hat die Aktie sogar Luft bis 30 €. Für einen Neuanstieg ist es aber bereits etwas spät. Seit der Kaufempfehlung ist die Bayer-Aktie bereits um 17,85% gestiegen und hat 0,50 € Dividende je Aktie gezahlt (Dividenden-Rendite 2,54%).
Aus Österreich steht die Telekom Austria (WKN 588811) auf der Empfehlungsliste. Zu diesem Wert erhalten Sie in Kürze eine Extra-Meldung. Ich erwarte direkt nach dem Feiertag am Donnerstag interessante Neuigkeiten.

Ihr Rolf Morrien

Die Dringlichkeitsstufe wird in den Ausgaben jeweils deutlich angegeben.

Bei Empfehlungen der Dringlichkeitsstufe 1 sollten Sie genau prüfen, ob die Rahmenbedingungen (vorgeschlagene Limits, Marktentwicklung) zu dem Zeitpunkt, an dem Sie selbst aktiv werden können, noch der von mir dargestellten Ausgangslage entsprechen.

Theoretisch könnte es sein, dass eine solche Empfehlung schon wenige Stunden, nachdem die Mitteilung bei Ihnen einging, überholt ist. Damit Sie immer eine klare Orientierung haben, ob die Empfehlung noch lohnenswert ist, gebe ich bei Kaufempfehlungen immer klare Bandbreiten an. Ist die obere Kursgrenze bereits überschritten, lohnt sich in der Regel der Einstieg für Sie nicht mehr. Im Zweifel warten Sie besser auf die nächste Empfehlung von mir.

Warum Sie nicht alle Empfehlungen umsetzen müssen

Auch wenn die Eil-Mitteilungen Ihnen innerhalb eines Jahres beispielsweise 50 konkrete Kauf-/Verkaufsmöglichkeiten aufzeigen, müssen Sie nicht alle Empfehlungen umsetzen. In Urlaubzeiten können Sie sich durchaus einige börsenfreie Tage oder Wochen gönnen.

Mein Tipp: Falls Sie länger keinen Zugriff auf Ihr Depot haben, sollten Sie vorher die kurzfristigen Trading-Positionen verkaufen oder durch Stop-Loss-Marken absichern. Wie das genau funktioniert, zeige ich Ihnen später in diesem Buch.

Ihr Tradinganteil von Ihrem Gesamtdepot

Die Aufteilung Ihrer Wertpapieranlagen kann etwa folgendermaßen aussehen:

sicherheitsorientiert aufgebautes Depot

mindestens   70% Anleihen, Renten- und Mischfonds
höchstens   20% Aktien und Aktienfonds
höchstens   10% Tradingpositionen

risikobewusst aufgebautes Depot

mindestens   50% Anleihen, Renten- und Mischfonds
höchstens   35% Aktien und Aktienfonds
höchstens   15% Tradingpositionen

spekulativ aufgebautes Depot

mindestens   30% Anleihen, Renten- und Mischfonds
höchstens   40% Aktien und Aktienfonds
höchstens   30% Tradingpositionen

Je nach Einschätzung des aktuellen Börsenumfelds sollten Sie diese idealtypische Aufteilung nach folgendem Schema um eine Sicherheitsstufe verändern:

● Wenn Sie sich als spekulativer Anleger verstehen, sollten Sie bei erhöhten Risiken den durchschnittlichen Aktienanteil Ihres Depots vorübergehend auf etwa 30% herunterfahren. Bei erhöhten Chancen, auf die ich Sie dann auch aufmerksam mache, können Sie ihn dagegen auf bis zu 70% hochfahren. Diese **70:30-Strategie** wird zur Vereinfachung in „Morriens Power-Depot" verwandt und dient zu Ihrer Orientierung.

● Als risikobewusst oder sicherheitsbetont orientierter Anleger verändern Sie den Aktienanteil Ihres Depots bei erhöhten Risiken oder Chancen nach demselben Verfahren.

Sinnvoll ist eine für Sie selbst zu jedem Zeitpunkt noch gut handhab- und kontrollierbare Anzahl von Positionen im Tradingdepot. Ideal sind 5 bis maximal 20 Positionen. Weniger ist in diesem Zusammenhang häufig mehr. Um die Anzahl der Werte brauchen Sie sich aber nicht zu kümmern. Ich werde dafür sorgen, dass die Zahl der Empfehlungen stets gut überschaubar bleibt.

Achten Sie darauf, dass Sie das Instrument, das Sie nutzen wollen, selbst gut verstehen, möglichst damit schon Erfahrungen gemacht haben und dessen Chancen und Risiken gut beurteilen können.

Das gilt insbesondere bei Empfehlungen, die sich auf Hebel-Zertifikate und Optionsscheine beziehen. Auch wenn Sie mit solchen Instrumenten erhebliche Gewinnchancen haben: Das Anlagerisiko nimmt Ihnen dabei keiner ab. Wenn Sie noch wenig Erfahrung haben, sollten Sie solche Empfehlungen zunächst mit kleineren Beträgen testen, bis Sie mehr Praxis darin erlangt haben.

Überwachen Sie die Entwicklung Ihrer Anlagen grundsätzlich selbst

Die Eil-Mitteilungen können Ihnen nicht die Verantwortung für eine optimale Aufteilung Ihres gesamten Wertpapiervermögens und die vernünftige Ausbalancierung von Chancen und Risiken abnehmen, weil darin keine Depotoptimierung enthalten ist. Einen solchen Service bietet Ihnen zum Beispiel mein Informationsdienst „Der Depot-Optimierer".

Auch wenn einmal ausgesprochene Empfehlungen weiterhin beobachtet und in regelmäßigen Abständen aktualisiert und neu eingeschätzt werden, sollten Sie niemals darauf setzen, dass Ihnen die Eil-Mitteilungen den jeweils einzig richtigen, optimalen Verkaufszeitpunkt nennen können: Einerseits hängt dieser von Ihrem individuellen Einstiegszeitpunkt und Kaufkurs ab. Andererseits hat er auch mit Ihrer persönlichen Risikobereitschaft zu tun. Schließlich kann sich auch der Eildienst in der Einschätzung des (für Sie) richtigen Verkaufs- und Kaufzeitpunkts irren. Doch die Eil-Mitteilungen können Ihnen helfen, Verluste zu begrenzen und Gewinne zu vergrößern.

Es ist daher wichtig, dass Sie grundsätzlich selbst entscheiden, wann Sie eine vorgeschlagene Position kaufen oder verkaufen und inwieweit Sie den vorgeschlagenen Kauf- und Verkaufslimits punktgenau folgen wollen oder ob Sie die genannten Limits ein wenig erhöhen oder senken wollen. Das ist durchaus sinnvoll, weil dann nicht an einer bestimmten Limitlinie größere Positionen angeboten werden. Wenn alle Stop-Loss-Limits identisch sind, könnte ein großer Marktteilnehmer versuchen, den Kurs unter diese Marke zu drücken und so eine unerwartete Verkaufslawine auslösen.

Arbeiten Sie mit Stop-Loss-Limits

Je risikoreicher ein Engagement für Sie ist, desto wichtiger ist es dabei für Sie, **Stop-Loss-Limits** oder **Mental-Stops** zur Verlustbegrenzung festzulegen.

Denken Sie dabei daran, dass auch andere Nutzer dieses Eildienstes ähnliche Stops setzen werden und dass es deswegen nicht vorteilhaft ist, wenn sich alle Orders auf ein identisches Limit konzentrieren. Dasselbe gilt für Kauflimits. Deshalb werde ich Ihnen in einigen Fällen nicht feste Limits, sondern **Limit-Bandbreiten** vorschlagen. Und auch von diesen sollten Sie, wenn Sie darin Vorteile für Ihre Disposition sehen, selbstständig abweichen.

Sie erhalten im Power-Depot aber Hinweise darauf, wenn vorgeschlagene Stop-Limits erreicht wurden oder erwartete Entwicklungen in eine andere Richtung laufen.

Stop-Loss-Strategien lassen sich nicht bei allen Banken mit jeweils verschiedenen Varianten umsetzen. Sie sollten also bei Ihrer Bank prüfen, welche Möglichkeiten diese Ihnen bietet, einen differenzierten Auftrag zu erteilen.

Achten Sie auf die unterschiedliche Wirkung von Orderangaben

Market Orders ohne Kursvorgaben werden zum nächstmöglichen Preis ausgeführt, nachdem sie die Börse erreicht haben.

Zur Absicherung empfehle ich Ihnen **Stop-Market-Orders:** Wertpapiere werden zum nächstmöglichen Kurs gekauft oder verkauft, sobald der von Ihnen vorgegebene Kurs erreicht wurde. Dieser kann daher von Ihrem eigentlichen Stop-Kurs durchaus um einige Prozentpunkte nach oben oder unten abweichen.

Eine weniger bekannte Möglichkeit ist es, Ihre Orders mit einer Mengenanweisung zu versehen. **Fill-or-Kill** (= ausführen oder löschen) ist die Anweisung an die Bank, eine Order entweder vollständig auszuführen oder aber – nachdem dies nicht möglich war – den ganzen Auftrag zu stornieren (= löschen). Auf diese Weise verhindern Sie, dass Sie vielleicht nur einen Teil der von Ihnen aufgegebenen Stücke erhalten oder verkaufen. Vorsicht: Diese Vorgabe gilt nur im Xetra-Handel und tagesaktuell.

Der Orderzusatz **Immediate-or-Cancel** (sofort ausführen oder streichen) bedeutet, dass nicht durchführbare Auftragsteile sofort gestrichen werden.

Auch die zeitlichen Angaben für die Ausführung Ihrer Order können wichtig sein:

Good-for-day-Orders gelten nur für den einen Tag, an dem sie beim Makler oder im Handelssystem aufgenommen wurden.

Good-till-date-Orders werden solange in den Büchern Ihrer Bank geführt, bis das Ablaufdatum erreicht ist.

Good-till-canceled-Orders laufen zeitlich unbefristet. Meist werden solche Aufträge aber automatisch zum Ultimo oder nach 90 Tagen aus den Büchern genommen.

Vergeben Sie einen Zusatz

Gefährlich kann es für Sie sein, Stop-Loss- oder Stop-Buy-Aufträge und ähnliche Orders ohne jeglichen Zusatz zu vergeben. Die Aufträge werden in diesem Fall beim Kauf „billigst" und beim Verkauf „bestens" ausgeführt und damit immer zum nächst erreichbaren Kurs. In „engen" Märkten mit starken Schwankungen (= hoher Volatilität) kann dies dazu führen, dass der als nächster festgestellte Kurs weit unter/über Ihrem Stop-Limit liegt, Sie also zu niedrige/hohe Ausführungskurse abgerechnet erhalten.

Setzen Sie Stop-Loss-Limits nicht zu eng

Schließlich sollten Sie nach Erwerb Ihrer Wertpapiere Ihre Stop-Limits nicht „zu eng" setzen, um bei sehr volatiler Marktlage oder besonders schwankungsbreiten Werten nicht bei jeder Gelegenheit „ausgestoppt" zu werden. Für Aktien und aktienähnliche Investments (einschließlich Tradingfonds) empfehlen sich Stopkurse von 10 bis 20% unter dem jeweiligen Kaufkurs (zur Verlustbegrenzung) oder um 10% unterhalb des letzten Höchstkurses (zur Gewinnsicherung).

Bei Hebel-Instrumenten (Optionsscheine und Hebel-Zertifikate) mit zwangsläufig größeren Kursausschlägen sollten Sie mehr Spielraum geben, um unnötige Transaktionskosten zu vermeiden. Je nach Höhe des Hebels eignen sich Stop-Loss-Marken 20 bis 35% unter dem Einstiegs- oder Höchstkurs.

Wie und wo Sie Wertpapiere am besten kaufen

Wie Sie die richtige Bank finden

Ich empfehle Ihnen, trotz eines möglicherweise bereits vorhandenen Depotkontos bei Ihrer Hausbank vor Ort, ein Konto bei einer **Direktbank** einzurichten. Das ist besonders dann vorteilhaft, wenn Sie als Anleger

- sehr engagiert sind und Ihr Depot häufig umschichten,
- auf eine schnellstmögliche Abwicklung Ihrer Aufträge Wert legen,
- das Internet zur Auftragsvergabe und -überwachung nutzen und
- regelmäßig auch Hebel-Instrumente nutzen wollen, deren Kurse sich sekundenschnell erheblich ändern können.

In der Übersicht auf den folgenden Seiten finden Sie den aktuellen Leistungsstand der wichtigsten Direktanlagebanken, Discountbroker und großen Privatbanken, den Sie mit den Leistungen Ihrer Hausbank vergleichen sollten.

Denken Sie dabei daran, dass sich die in der Übersicht genannten Eckdaten innerhalb weniger Wochen verändern können. Das gilt beispielsweise auch und vor allem für die von den Direktbanken häufig nur zu Werbezwecken angebotenen höheren Zinsen auf nicht eingesetzte Mittel Ihres Dispositionskontos. Es betrifft grundsätzlich aber auch das übrige Leistungsspektrum der Banken.

Um sich über den jeweils aktuellen Stand der Konditionen der Direktbanken, Discountbroker und großen Privatbanken zu informieren, nutzen Sie die Möglichkeiten, sich telefonisch oder auch über das Internet ein genaues Bild zu machen. Wichtige Kriterien sind: **Ordergebühren,** die Möglichkeit, innerhalb eines Tages zu kaufen und verkaufen **(Intraday Handel)** und die **Limitgebühren.**

Die wichtigsten Banken und Online-Broker im Angebots- und Konditionenvergleich

1822direkt

Internetadresse:	www.1822direkt.com
Telefon:	069/94170-0

Handel mit Aktien

Anzahl ausländischer Börsenplätze	alle
Intraday Handel	ja
Außerbörslicher Handel per Telefon	nein
Außerbörslicher Handel per Internet	ja

Citibank

Internetadresse:	www.targobank.de
Telefon:	0180/3322111

Handel mit Aktien

Anzahl ausländischer Börsenplätze	0
Intraday Handel	ja
Außerbörslicher Handel per Telefon	ja
Außerbörslicher Handel per Internet	ja

comdirect

Internetadresse:	www.comdirect.de
Telefon:	01803/4445

Handel mit Aktien

Anzahl ausländischer Börsenplätze	50
Intraday Handel	nein
Außerbörslicher Handel per Telefon	ja
Außerbörslicher Handel per Internet	ja

Commerzbank

Internetadresse:	www.commerzbanking.de
Telefon:	01803/171716

Handel mit Aktien

Anzahl ausländischer Börsenplätze	–
Intraday Handel	ja
Außerbörslicher Handel per Telefon	nein
Außerbörslicher Handel per Internet	nein

Consorsbank

Internetadresse:	**www.consorsbank.de**
Telefon:	**911/3699000**

Handel mit Aktien

Anzahl ausländischer Börsenplätze	20
Intraday Handel	ja
Außerbörslicher Handel per Telefon	nein
Außerbörslicher Handel per Internet	ja

DAB bank

Internetadresse:	**www.dab-bank.de**
Telefon:	**089/88956000**

Handel mit Aktien

Anzahl ausländischer Börsenplätze	–
Intraday Handel	ja
Außerbörslicher Handel per Telefon	nein
Außerbörslicher Handel per Internet	ja

Deutsche Bank Priv.

Internetadresse:	**www.deutsche-bank.de/pbc/**
Telefon:	**01818/1000**

Handel mit Aktien

Anzahl ausländischer Börsenplätze	alle
Intraday Handel	nein
Außerbörslicher Handel per Telefon	nein
Außerbörslicher Handel per Internet	nein

Ing DiBa

Internetadresse:	**www.ing-diba.de**
Telefon:	**01802/784578**

Handel mit Aktien

Anzahl ausländischer Börsenplätze	–
Intraday Handel	ja
Außerbörslicher Handel per Telefon	nein
Außerbörslicher Handel per Internet	ja

HypoVereinsbank

Internetadresse:	www.hvb.de
Telefon:	089/378-0

Handel mit Aktien

Anzahl ausländischer Börsenplätze	–
Intraday Handel	nein
Außerbörslicher Handel per Telefon	nein
Außerbörslicher Handel per Internet	nein

Postbank easytrade

Internetadresse:	www.easytrade.de
Telefon:	0180/3040500

Handel mit Aktien

Anzahl ausländischer Börsenplätze	–
Intraday Handel	nein
Außerbörslicher Handel per Telefon	nein
Außerbörslicher Handel per Internet	nein

maxblue

Internetadresse:	www.maxblue.de
Telefon:	01818/1000

Anzahl ausländischer Börsenplätze	–
Intraday Handel	ja
Außerbörslicher Handel per Telefon	ja
Außerbörslicher Handel per Internet	ja

S Broker (Sparkasse)

Internetadresse:	www.sbroker.de
Telefon:	0800/2080900

Handel mit Aktien

Anzahl ausländischer Börsenplätze	28
Intraday Handel	ja
Außerbörslicher Handel per Telefon	ja
Außerbörslicher Handel per Internet	ja

Direkthandel per Internet

Am einfachsten ist die Orderaufgabe per Internet. Hier können Sie schnell und kostengünstig Ihren Auftrag aufgeben. Aus der Tabelle auf den vorhergehenden Seiten können Sie entnehmen, dass gerade die Direktbanken diesen Weg favorisieren. Ihr Vorteil: Sie müssen nicht Stunden oder bis zum nächsten Tag warten um zu sehen, ob und zu welchem Kurs Ihre Order ausgeführt wurde.

Speichern ...

Speichern Sie Ihren Auftrag und später auch die Auftragsbestätigung der Bank. In der Regel sind hier alle Ihre Angaben vermerkt. Schon kurze Zeit später können Sie in Ihrem Depot sehen, zu welchem Kurs Ihr Auftrag ausgeführt wurde oder später bei Erreichen der Limits verbucht wird.

... und prüfen

Jede Verspätung bei der Kauf- oder Verkaufsabwicklung kann Sie bares Geld kosten. Prüfen Sie daher immer, ob Ihr Auftrag auch ausgeführt wurde. Nur weil Sie Ihre Order abgeschickt haben, heißt das noch lange nicht, dass der Auftrag von der Bank auch an die Börse weitergeleitet wurde.

Besonders wichtig ist die Dokumentation Ihres Auftrags, wenn Sie am Sekundenhandel (DAB-Bank), Pip (Deutsche Bank) oder wie auch immer der **direkte Handel** bei der jeweiligen Bank genannt wird, teilnehmen. Bei dieser Handelsart stellt Ihnen die Bank für wenige Sekunden einen garantierten Kurs. Sie können entscheiden, ob Sie Ihre Order zu dem gestellten Kurs ausführen lassen oder ob Sie sich später einen neuen Kurs stellen lassen, der dann mehr Ihren Vorstellungen entspricht. Wenn Sie das Angebot annehmen und bestätigen, wird Ihre Order zu dem gestellten Kurs garantiert ausgeführt.

Orderaufgabe per FAX oder telefonisch

Ich empfehle Ihnen, nur solche Haus- und Direktbanken zu nutzen, bei denen Sie die Möglichkeit haben, Ihre Aufträge auf jeden Fall (auch) per Fax aufzugeben. Die Weitergabe per Fax ist aus Dokumentationsgründen besser als die Orderaufgabe per Telefon.

Lassen Sie sich von Ihrem Faxgerät dazu immer auch gleich ein Sendeprotokoll ausdrucken, auf dem die Uhrzeit der Weitergabe und die Faxnummer aufgedruckt sind, damit Sie bei Reklamationen über entsprechende Unterlagen verfügen. Jede Bank sollte heute in der Lage sein, eine Faxorder innerhalb von wenigstens 30 Minuten an die Börse zu bringen.

Sende-Protokoll
Absender-FAX-Nr.: 089 88 98 47 33
Empfänger-FAX-Nr.: 089 85 17 39 48
Anfangs-Zeit: 08.23 Uhr
Datum: 20.06.2004
FAX-Protokoll-Nr.: 7834
Interne Vermerke: RM

Bei größeren Aufträgen oder der Notwendigkeit, vorgeschlagene Limits zu überprüfen und der sich schnell verändernden Marktlage anzupassen, sollten Sie auch die Möglichkeit haben, Ihre Order telefonisch oder per Internet aufzugeben. Versäumen Sie es bei telefonischen Bankgeschäften aber nicht, sich genaue Notizen über den Zeitpunkt und die anderen Spezifikationen Ihrer Order zu machen, damit Sie bei verspäteter oder Nichtausführung Ihres Auftrags etwas Schriftliches in der Hand haben.

Geben Sie Ihre Aufträge nach dem Muster auf, das auf der nachfolgenden Seite abgebildet ist.

An Bank .....   *Fax-Auftrag (Muster)*

z. H. ....

Orderfax: ....

aufgegeben um .... Uhr

Protokoll Nr. ....

   o **Kaufen** o **Verkaufen**

Sie für mich zu Gunsten/Lasten

meines Depotkontos Nr. ....

Dispositionskontos Nr. ....

Name des Wertpapiers: ....

WKN/ISIN: ....

Stk.	billigst/ bestens	Kurslimit/ Währung	gültig bis	Börsenplatz
....	o	...../.....	....	....
....	o	...../.....	....	....
....	o	...../....	....	....

Absender...................................

Unterschrift: ....

Telefon: ....

Fax: ....

Wo Sie am besten Ihre Order aufgeben

Achten Sie dabei darauf, Ihre Aufträge gezielt an die Börse(n) zu geben, bei der (denen) normalerweise die höchsten Wertpapierumsätze stattfinden. Dann ist Ihre Chance umso größer, dass Ihre Ordervorgaben auch erfüllt werden können.

In „Morriens Power-Depot" erhalten Sie genaue Hinweise darauf, wie und wo Sie Ihre Order am besten platzieren können. Meist wird dies der Xetra-Handel oder das Frankfurter Parkett für Aktienorders und die die Börsenplätze Stuttgart und Frankfurt für Optionsscheine und Zertifikate sein.

Damit Sie direkt an in- und ausländischen Börsen handeln können (durch meine langjährigen Österreich-Kontakte finde ich immer wieder Kauf-Gelegenheiten an der Wiener Börse), habe ich in der folgenden Tabelle die wichtigsten Börsen und ihre Öffnungszeiten aufgeführt. Natürlich können Sie auch an jeder anderen Börse Ihren Auftrag aufgeben.

Börsenzeiten in- und ausländischer Börsen

Börsenplatz	Internetadresse	Handelszeit MEZ
Frankfurt	www.exchange.de	9.00–17.30 Uhr bzw. 20.00 Uhr
Stuttgart	www.boerse-stuttgart.de	9.00–20.00 Uhr
New York	www.nyse.com www.nasdaq.com	15.30–22.00 Uhr
Tokio	www.tse.or.jp	1.00–3.00 Uhr und 4.30–7.00 Uhr
Hongkong	www.hkex.com.hk	3.00–5.30 Uhr und 7.30–9.00 Uhr
London	www.londonstockexchange.com	9.00–17.30 Uhr
Zürich	www.swx.com	9.00–17.30 Uhr
Wien	www.wbag.at	8.30–17.45 Uhr

An der EUWAX werden aktuell mehr als 200.000 Wertpapiere gelistet. Sie ist damit das größte europäische Handelssegment für verbriefte Derivate. Diese werden unterteilt in

● Hebel- (Optionsscheine, Knock-out-Produkte) und
● Anlageprodukte (Anlagezertifikate, Aktienanleihen, Exchange Traded Funds).

Die Preise werden von Skontroführern (Börsenmaklern) festgestellt, d. h. es erfolgt keine automatische Zusammenführung von Kauf- und Verkaufsorders (Matching), wie es bei vollelektronischen Handelssystemen der Fall ist. Der Skontroführer schützt nämlich die im Derivatemarkt schwächere Position des Anlegers dadurch, dass er den Market-Maker zur verbindlichen Quotierung auffordert, ohne ihm den Inhalt des ihm vorliegenden Anlegerauftrags mitzuteilen. So erfährt der Market-Maker der Emissionshäuser z. B. nicht, wie viel Sie maximal pro Optionsschein zu zahlen bereit sind. Ihre Order wird daher nicht automatisch zu Höchstpreisen ausgeführt.

Market-Maker stellen den Referenzmarkt für die Hebel- und Anlageprodukte dar und sind in der Regel identisch mit dem Emittenten der Produkte. Die EUWAX-Richtlinien verpflichten die Market-Maker während der Handelszeit für ein bestimmtes Mindestvolumen fortlaufend An- und Verkaufspreise für ihre Produkte zu stellen, was zur Erhöhung der Liquidität führt. Der Emittent, also die Bank, die ein Wertpapier ausgegeben hat, tritt als Handelspartner auf.

Beim Handel mit Zertifikaten und Optionsscheinen ist es daher nicht erforderlich, dass Ihnen ein anderer Anleger Wertpapiere verkauft oder abkauft, da der Emittent verpflicht ist, pro Transaktion ein Mindestvolumen zu stellen. Dieses **Mindestvolumen** muss bei Hebel-Produkten (Optionsscheine, Hebel-Zertifikate) mindestens 3.000 € betragen. Für Anlageprodukte (Strategiezertifikate, Aktienanleihen etc.) gilt sogar ein Mindestvolumen von 10.000 €

oder mindestens 10.000 Stück des Wertpapiers (der Emittent hat hier das Wahlrecht). In der Praxis heißt das: Wenn Sie Optionsscheine im Wert von bis zu 3.000 € kaufen oder verkaufen möchten, muss der Emittent Ihnen aktuell angemessene Kurse stellen und auch als Handelspartner auftreten. Die Volumen von 3.000 und 10.000 € sind nur Mindestbeträge. Die Emittenten können auf freiwilliger Basis deutlich mehr anbieten. Es gibt allerdings 3 Ausnahmen: a) besondere Umstände wie technische Störungen, b) besondere Marktsituationen (zum Beispiel Terroranschläge) und c) vorübergehender Ausverkauf der Emission (dann stellt der Emittent nur einen Rückkaufkurs).

Aufträge für Derivate, die an der EUWAX notiert sind, können bei allen Kreditinstituten, Online-Banken, Discount-Brokern und sonstigen Finanzdienstleistern aufgegeben werden. Einzige Voraussetzung ist, dass als Ausführungsplatz die Börse Stuttgart angegeben wird. So gelangt der Auftrag in Sekundenschnelle in das Orderbuch des EUWAX-Skontroführers.

Limit-Kontroll-System

Ein sogenanntes Limit-Kontroll-System überprüft permanent, ob ein eingehender Auftrag ausführbar ist. Dabei wird nicht nur überwacht, ob der Auftrag gegen andere Kundenaufträge im eigenen Orderbuch, sondern auch, ob er innerhalb der vom Market-Maker veröffentlichten Quoten ausführbar ist. Ist nach der Plausibilitätsprüfung des Skontroführers eine markt- und regelgerechte Preisfeststellung zu bejahen, stellt er den Preis fest und führt den Auftrag des Anlegers aus.

Best-Price-System

An der EUWAX gilt das „Best-Price-Prinzip". Wenn Wertpapiere an einem Referenzmarkt (zum Beispiel Börse Frankfurt) günstiger angeboten werden, dürfen die Wertpapiere in Stuttgart nicht teurer als in Frankfurt gehandelt werden.

Verkauf zum Rücknahmepreis

Bei Hebel-Zertifikaten stellt der Skontroführer den Handel ein, wenn der Basiswert eine vorbestimmte Schwelle erreicht hat und das Zerifikat wertlos geworden ist oder nur zu einem fixierten Rücknahmepreis gehandelt wird (Knock-out). Alle vor dem Erreichen der Knock-out-Schwelle vorhandenen Verkaufs- und Kaufaufträge werden gelöscht. Mit Wiederaufnahme des Handels durch den Emittenten haben Sie die Möglichkeit (abhängig von den jeweiligen Emittenten und den Ausstattungsmerkmalen des Produktes), das ausgestoppte Wertpapier über die Börse zum ermittelten Rücknahmepreis zu verkaufen. Dies ist in der Regel am Tag der Ausstoppung oder am darauf folgenden Handelstag möglich.

Automatische Ausbuchung

Wenn kein Verkaufsauftrag erteilt worden ist, werden die nach der endgültigen Einstellung des Handels noch im Depot befindlichen Bestände automatisch ausgebucht und der entsprechende Gegenwert durch den Emittenten innerhalb von wenigen Tagen gutgeschrieben. Die ausgeknockten Produkte können Sie auf der Webseite der Stuttgarter Börse finden.

Aufgrund der Handelszeitverkürzung von Xetra auf 17.30 Uhr können alle Knock-out-Produkte auf deutsche Aktien und deutsche Indizes an der Stuttgarter Börse zwischen 17.30 und 20.00 Uhr nicht mehr ausknocken. Für Sie bedeutet das, dass Ihr Kapital nicht automatisch verloren ist, wenn das Knock-out-Produkt nach 17.30 Uhr die Ko-Schwelle erreicht oder unterschreitet. Sie können hoffen, dass der Eröffnungskurs am nächsten Morgen über der Knock-out-Schwelle liegt. Falls Sie nach 17.30 Uhr eine starke Abwärtsbewegung feststellen, können Sie sogar noch versuchen, das Zertifikat am Abend zu verkaufen und einen Teil des Kapitals zu retten.

Beachten Sie: Offiziell startet der Börsenhandel in Deutschland zwar um 9.00 Uhr, die ersten Kurse für Derivate (z. B. Zertifikate) stellen die Emissionsbanken aber erst 10 oder 20 Minuten später. Die Banken überprüfen zunächst die Marktlage zu Handelsbeginn und passen dann ihre Kurse an. Auf diese Weise hat die Bank Ihnen gegenüber einen Vorteil. Es kann also passieren, dass Ihnen ein Zertifikate-Kurs in den ersten Handelsminuten davonläuft und Ihr Kaufantrag nicht ausgeführt wird, weil in der Zwischenzeit das Kauf-Limit überschritten wurde.

US-Börsen

Wenn Sie viel an den US-Börsen handeln wollen (für die Nutzung meiner Eil-Mitteilungen ist das aber nicht notwendig), kann es sinnvoll sein, Ihre Order über einen US-Broker abzuwickeln. Ameritrade, E-Trade-USA, Charles Schwab oder als deutscher Discountbroker Consorsbank kommen dafür in Frage. Ameritrade gehört zu den größeren US-Online-Brokern. Für die Kontoeröffnung gehen Sie auf die Internetseite www.ameritrade.com und wählen das Feld „Open an Account". Dort entscheiden Sie sich unter „Express Application" oder „Online Application" für die Form des Kontos. Unter „Individual Account" geben Sie dann die verlangten perönlichen Daten ein und schicken diese an Ameritrade.

Für die klare Kennzeichnung: WKN und ISIN

Damit Sie jede Empfehlung aus den Eil-Mitteilungen beim Kauf und Verkauf eindeutig zuordnen können, erhalten Sie stets die WKN und die ISIN.

WKN ist die Abkürzung für Wertpapierkennnummer. Jedes börsennotierte Wertpapier hat eine eigene Nummer, damit es eindeutig identifiziert werden kann. Die WKN gilt nur in Deutschland und ist immer sechsstellig.

Beispiel: Die WKN für Siemens lautet 723610

Um den internationalen Börsenhandel zu erleichtern, gibt es seit einiger Zeit die ISIN (International Security Identification Number). Mit dieser zwölfstelligen Kennnummer können Sie auch im Ausland Wertpapiere zuordnen und ordern. Die ISIN beginnt mit dem zweistelligen Ländercode (in Deutschland: DE). Anhand des Ländercodes können Sie das Ursprungsland erkennen.

Beim Kauf und Verkauf von Wertpapieren reicht es, wenn Sie die WKN oder die ISIN angeben. Mittelfristig soll die internationale ISIN die deutsche WKN vollständig ersetzen.

Beispiel: Die ISIN für Siemens lautet DE0007236101

Beachten Sie: Bei den ISIN-Kennzahlen werden die beiden Buchstaben „O" und „I" nicht verwendet, weil sie zu leicht mit den Ziffern „0" und „1" verwechselt werden könnten. Die ISIN enthält bei deutschen Werten die WKN. Die letzte Zahl ist eine Prüfziffer.

So setzen Sie Empfehlungen der Eil-Mitteilungen sinnvoll um

1. Prüfen Sie nach Eingang einer Ausgabe des Eildienstes, ob die darin ausgesprochenen Empfehlungen zu Ihrem **Profil** als sicherheitsbetont, risikobewusst oder spekulativ eingestelltem Anleger und zum Gesamtaufbau Ihres Wertpapierdepots passen.

2. Wenn dies der Fall ist, Sie inhaltlich mit der von mir vorgenommenen Einschätzung übereinstimmen und Sie auch das Anlageinstrument, um das es geht, aus eigener Praxis kennen und dessen Chancen und Risiken gut einschätzen können, sollten Sie Ihrer Bank einen entsprechenden **Auftrag** erteilen! Dieser sollte sich an den im Eildienst genannten Eckdaten (Limit-Bandbreiten, zeitliche Gültigkeit des Auftrags) orientieren.

3. Setzen Sie jeweils nur die **Beträge** für das vorgeschlagene Investment ein, die Sie – ohne in irgendwelche zeitlichen Zwänge zu geraten – wenigstens für 6 Monate entbehren können!

4. Kalkulieren Sie bei Hebel-Instrumenten und engeren Werten grundsätzlich auch das Risiko eines Totalverlustes mit ein. Halten Sie sich dabei immer an Ihre vorgegebenen und für sich selbst notierten **Stop-Loss-Kurse** zur Verlustbegrenzung.

5. **Verkaufen** Sie eine Position dann, wenn es Ihnen selbst geraten erscheint, die Risiken sich für Sie plötzlich erhöhen oder die bereits beim Kauf vorgeschlagenen Limits erreicht werden. Warten Sie daher im Zweifel nicht darauf, bis Ihnen der Eildienst ein neues Verkaufssignal zur Risikobegrenzung gibt.

Wie Sie Ihr Depot zusammenstellen

Da Sie in „Morriens Power-Depot" nur selten Hinweise zur Depot-Struktur finden, möchte ich Ihnen an dieser Stelle einige Erfahrungen aus meiner Berufspraxis mitteilen. Dieser kurze Einschub ist für Sie als Leser des Power-Depots wichtig, weil Sie Chancen-Investmentbeträge für sich individuell kalkulieren können, ohne allzu große Risiken des Verlustes einzugehen. Da sich auch fast alle Optionsscheine und Hebel-Zertifikate auf Aktien oder Aktien-Indizes beziehen, werden Ihnen die folgenden Seiten wichtige Entscheidungshinweise für Ihren langfristigen Börsenerfolg geben.

Behalten Sie Ihr Gesamt-Depot im Auge

Bei der Analyse von Wertpapier-Depots fällt immer wieder auf, dass langfristig die Anleger, die bei jeder einzelnen Kaufentscheidung ihr Gesamt-Depot im Blick haben, besser abschneiden als Anleger, die sich einzelne Wertpapiere herauspicken und hoffen, dass in der Summe ein Gewinn herauskommt.

Oft sind viele Unternehmen einer einzelnen Branche sehr günstig. So hat die Automobil-Branche seit vielen Jahren ein relativ niedriges Durchschnitts-KGV. (Auf die wichtige Bewertungskennzahl „KGV" komme ich später in diesem Buch ausführlich zurück.) Es ist daher wahrscheinlich, dass der „Rosinenpicker" mehrere Auto-Werte in seinem Depot hat. Durch diese einseitige Gewichtung wird das Depot anfälliger für Störungen. Wenn die Automobil-Branche schwankt, wird auch das ganze Depot wackeln.

Streuen Sie Ihre Anlagen gezielt

Wenn Sie dagegen beim Wertpapier-Kauf Ihr Gesamt-Depot im Blick haben, werden Sie diesen Fehler vermeiden und Ihr Vermögen auf verschiedene Sektoren verteilen. Schneidet dann eine

Branche schlecht ab, wird das durch andere Wertpapiere ausgeglichen.

Das gleiche Grundprinzip herrscht auch bei der Ländergewichtung. Einige Anleger schwören auf deutsche Aktien, weil sie jeden Geschäftsbericht bis ins kleinste Detail prüfen können und so die vermeintlich besten Unternehmen finden.

Aber was hilft das, wenn der deutsche Markt insgesamt sehr schlecht abschneidet? So konnten Sie in Deutschland und Westeuropa in den 3 Jahren vom Frühjahr 2000 bis zum Frühjahr 2003 nur schwer Geld mit Standard-Aktien verdienen. In Osteuropa und in einigen asiatischen Ländern stiegen die Indizes dagegen rasant an.

Das Verhältnis: Chance und Risiko
Die renditestärksten Märkte und Anlage-Formen sind aber auch oft mit den höchsten Risiken verbunden. Die Königsfrage bei der Geldanlage lautet daher: Wie können Sie das Verhältnis von Risiko und Chance optimieren?

In der Fachliteratur finden Sie ganz unterschiedliche Ansätze. Die meisten sind zu kompliziert, um sie ohne großen Aufwand umzusetzen. Es gibt aber einen ganz einfachen Wunsch, der uns Anleger verbindet: Das Vermögen soll auf jeden Fall erhalten, und wenn möglich, eine überdurchschnittliche Rendite erwirtschaftet werden.

Rendite und Sicherheit müssen kein Widerspruch sein

Wenn Sie diese beiden Faktoren berücksichtigen, kommen Sie als sicherheitsorientierter Anleger wahrscheinlich auf eine ähnliche Ausgangsbasis wie hier vorgestellt: Mit 70% des Vermögens wird das eingesetzte Kapital abgesichert. Das ist das starke Fundament. Mit den restlichen 30% (Aufteilung wie auf Seite 17 beschrieben:

20% Aktien und Aktienfonds, 10% Trading-Positionen) können Sie den Rendite-Hebel einsetzen.

Ausgangspunkt dieser 70:30-Verteilung ist die Erfahrung, dass Sie mit relativ sicheren Anlagen mittel- und langfristig Renditen von 5 bis 7% erreichen können. Beispiele für solche Anlageformen sind dividendenstarke Aktien, Genussscheine und Index-Zertifikate.

So sichert die 70:30-Strategie Ihr Vermögen

Nehmen wir an, Sie besitzen 100.000 €. Wenn Sie jetzt 70.000 € über 6 Jahre mit einer jährlichen Rendite von durchschnittlich 6% anlegen, haben Sie nach dieser Periode ein Kapital von knapp 100.000 €. Damit sichern Sie Ihr Vermögen ab und können gleichzeitig die restlichen 30.000 € in hochrentable Anlagen wie Optionsscheine, Hebel-Zertifikate, Wandelanleihen und aussichtsreiche Nebenwerte und Aktien investieren. In diesen Bereich fallen auch die Empfehlungen der Eil-Mitteilungen.

In der nachfolgenden Tabelle finden Sie eine Aufstellung darüber, wie viel Kapital (in %) Sie bei unterschiedlichen Anlagezeiträumen und Rendite-Erwartungen in hochrentable Anlage-Formen frei investieren können.

So viel Kapital bleibt Ihnen für Chancen-Investitionen, wenn Sie 70% sicher investieren

Erwartete Rendite für sichere Investitionen

	5 Jahre	4 Jahre	3 Jahre	2 Jahre	1 Jahr
3,50%	15,80%	12,86%	9,81%	6,65%	3,38%
4,00%	17,81%	14,52%	11,10%	7,54%	3,85%
4,50%	19,75%	16,14%	12,37%	8,43%	4,31%
5,00%	21,65%	17,73%	13,62%	9,30%	4,76%
5,50%	23,49%	19,28%	14,84%	10,15%	5,21%
6,00%	25,27%	20,79%	16,04%	11,00%	5,66%
6,50%	27,01%	22,27%	17,22%	11,83%	6,10%
7,00%	**28,70%**	23,71%	18,37%	12,66%	6,54%
7,50%	30,34%	25,12%	19,50%	13,47%	6,98%
8,00%	31,94%	26,50%	20,62%	14,27%	7,41%
8,50%	33,50%	27,84%	21,71%	15,05%	7,83%
9,00%	**35,01%**	29,16%	22,78%	15,83%	8,26%
9,50%	36,48%	30,44%	23,83%	16,60%	8,68%
10,00%	37,91%	31,70%	24,87%	17,36%	9,09%

In der Rendite-Zeile und in der Zeitzeile sehen Sie, bei welcher Rendite-Laufzeit-Kombination Sie welchen Teil Ihres Kapitals in hochrentable Anlageformen investieren können, ohne insgesamt am Ende der Periode Verluste zu erleiden. Wenn Sie bei den sicheren Anlagen eine Durchschnitts-Rendite von 7% erwarten, können Sie aus 5-Jahres-Sicht 28,70% frei investieren. Wenn Sie von 9% Rendite ausgehen, sind es schon 35,01%.

Sie sehen, wie wichtig es ist, für den Anteil des Anlagebetrags, der zu Ihrem Depot passt, Chancen-Investments zu tätigen, um die Geamtrendite Ihres Vermögens zu steigern. Finanzwirtschaftliche Basis ist die Theorie von Harry Markowitz, der dafür 1990 den Nobelpreis erhalten hat.

Wie Sie die passenden Wertpapiere auswählen und welche Kennzahlen ich beachte

Selten ist Ihr Erfolg als Anleger ein Kind des Zufalls. Er hat vielmehr ganz wesentlich zu tun mit ...

● ... Ihrer richtigen Analyse und Beurteilung von wirtschaftlichen Sachverhalten,

● ... der optimalen Auswahl und Mischung der zur Verfügung stehenden Anlageinstrumente und

● ... der angemessenen Einschätzung dessen, was man unter der „Psychologie der Märkte" versteht.

Doch aus diesen 3 Voraussetzungen allein werden Sie einen dauerhaften Erfolg als Anleger noch nicht gewinnen. Es ist nämlich eine Seite, bestimmte Tatsachen und Zusammenhänge mit Blick auf den von Ihnen erwarteten positiven Kursverlauf einer Aktie, eines Index-Zertifikats oder eines Optionsscheins richtig zu deuten. Eine ganz andere ist es, sich unter den gegebenen Umständen auch situationsgerecht zu verhalten. Daher kommt eine 4. Voraussetzung noch hinzu, die leider viele Anleger immer wieder übersehen und die in bestimmten Situationen sogar die entscheidende ist:

● die gute Kenntnis und kritische Analyse des eigenen Anlageverhaltens.

Aber ohne die richtige Analyse und die Kenntnis, wie ein Wertpapier reagiert, nützen Ihnen die anderen Voraussetzungen auch nichts, um Erfolg an der Börse zu haben.

Aktien-Kennzahlen

Wenn Sie einen der erfolgreichsten Aktienanleger der Welt fragen, was einen guten von einem schlechten Aktienanleger unterscheidet, so wird er Ihnen antworten: „Lesen". Warren Buffett, zweitreichster Mann der Welt, meint es auch so wie er es sagt: „Setzen Sie mich für Wochen und Monate ruhig auf eine einsame Insel, und ich kann die besten Aktienentscheidungen treffen auch ohne Zeitung, Börsenmagazine und Börsen-TV. Geben Sie mir aber bitte die Geschäftsberichte und Bilanzen der Unternehmen mit."

Jetzt brauchen Sie kein Warren Buffett zu sein, der als Unternehmensanalyst (so bezeichnet er sich selbst) einer der besten ist. Seine Profession ist es, Tag für Tag, Stunde um Stunde, Geschäftsberichte und Bilanzen zu lesen. Als Aktienanleger schaffen Sie es aber auch mit weniger Zeitaufwand, sich die Unternehmen genauer anzuschauen, die es wert sind, als Qualitätsaktien in Ihrem Depot langfristig für Wachstum zu sorgen.

Gute Kurse brauchen erfolgreiche Unternehmen

Die vergangenen Jahre haben gezeigt: Werden die wesentlichen Kennzahlen wie solide Gewinne, gesunde Buchwerte und andere Unternehmenskennzahlen außer Acht gelassen, werden enorme Beträge von Aktionärsgeldern regelrecht verbrannt. Einbrüche selbst im DAX von über 60% machen deutlich: Kurse kommen immer wieder auf den realen Wert der einzelnen Unternehmen zurück.

Mit den folgenden 6 Kennzahlen filtere ich für Sie die chancenreichsten Aktien aus dem Markt:

1) Kurs-Gewinn-Verhältnis (KGV)
2) Price-Earning to Growth-Ratio (PEG)
3) Kurs-Umsatz-Verhältnis (KUV)
4) Kurs-Buchwert-Verhältnis (KBV)
5) Kurs-Cashflow-Verhältnis (KCV)
6) Dividenden-Rendite

Auch wenn Ihnen "Morriens Power-Depot" die Suche und Analyse nach den aussichtsreichsten Qualitätsaktien abnimmt, sollten Sie die wichtigsten Kennzahlen und ihre Bedeutung kennen. Mit diesen Kennzahlen erhalten Sie ein einfaches Instrument, Ihre Aktienauswahl und die in den Eil-Mitteilungen empfohlenen Aktien anhand der wesentlichen Unternehmenskennzahlen selbst zu untermauern.

1) Kurs-Gewinn-Verhältnis (KGV)

Das Kurs-Gewinn-Verhältnis (KGV) ist die gängigste Bewertungskennzahl für Aktien. Im angelsächsischen Raum wird es auch Price-Earning-Ratio (PER) genannt. Das KGV zeigt Ihnen an, mit welchem Vielfachen des Jahresgewinns ein Unternehmen an der Börse bewertet wird.

Die Berechnung:

$$KGV = \frac{Aktienkurs}{Gewinn\ pro\ Aktie}$$

Ein niedriges KGV muss nicht zwingend ein Kaufargument sein. Unterschiedliche Gründe können dafür verantwortlich sein, dass die Aktie günstig bewertet ist, aber trotzdem nur wenig Kurs-Potenzial bietet:

a) Das Unternehmen hat eine **geringe Umsatz- und Gewinndynamik**

b) Das Unternehmen verfügt über **geringe Ressourcen** (z. B. eine Minengesellschaft mit fast erschöpften Erzvorkommen)

c) Laufende Klagen belasten die **zukünftigen Gewinnaussichten** (zum Beispiel in der Tabakindustrie)

d) Mischkonzerne werden fast immer mit einem **Abschlag** gehandelt (eine Ausnahme ist die Beteiligungsgesellschaft Berkshire Hathaway von Warren Buffett)

e) Unternehmen aus Branchen mit **geringen Wachstumsaussichten** werden niedrig bewertet (in der Automobilindustrie gibt es zum Beispiel zahlreiche Unternehmen mit einem einstelligen Kurs-Gewinn-Verhältnis)

Falls Sie also eine Aktie mit einem niedrigen KGV entdecken, sollten Sie in einem ersten Schritt überprüfen, wie hoch die direkten Mitbewerber bewertet werden. Anschließend stellt sich die Frage, welche Wachstums- und Gewinnaussichten die Branche und das ausgesuchte Unternehmen haben. Abschließend sollten Sie sich über mögliche Klage-Risiken informieren.

Fallen alle Punkte positiv aus, ist das niedrige KGV ein wichtiges (aber nicht einzig entscheidendes) Kaufargument.

Auswahl des Bezugsjahres

Ein möglicher Schwachpunkt ist die schwierige Auswahl des Bezugsjahres. Wie oben angegeben, brauchen Sie für die Berechnung des KGV den Gewinn je Aktie. Für das laufende Geschäftsjahr liegen die ersten Zahlen bereits vor. Dafür ist das Datenmaterial fast schon wieder veraltet, da an der Börse zukünftige Gewinne höher bewertet werden.

Der Gewinn je Aktie für das Folgejahr ist für die Kursentwicklung an der Börse wichtiger, kann aktuell allerdings nur eine grobe Schätzung sein. Ein zur Zeit scheinbar niedriges KGV kann relativiert werden, wenn das Unternehmen im weiteren Jahresverlauf die Gewinnschätzung verfehlt. Sie sollten daher jede KGV-Schätzung kritisch hinterfragen. Es stellt sich immer die Frage, wie plausibel die Gewinnschätzung ist und wann sie zuletzt überarbeitet wurde.

Trotz dieser möglichen Schwächen ist das KGV ein wichtiges Hilfsinstrument, um günstige und überbewertete Aktien unterscheiden zu können.

2) Price-Earning to Growth-Ratio (PEG)

Das traditionelle KGV lässt sich durch eine Erweiterung noch weiter verfeinern. Die Kennzahl Price-Earning to Growth-Ratio (PEG) setzt das Kurs-Gewinn-Verhältnis (KGV) in Relation zum erwarteten Gewinnwachstum.

Als Faustformel gilt: Das PEG ist günstig, wenn das KGV maximal so hoch ist wie das erwartete Gewinnwachstum.

Wächst der Gewinn je Aktie zum Beispiel um 10%, sollte das KGV auch nicht über 10 liegen. Kann das Unternehmen den Gewinn dagegen um 30% steigern, wäre auch ein optisch teures KGV von 30 vertretbar.

Die Berechnung:

$$PEG = \frac{\text{Kurs-Gewinn-Verhältnis}}{\text{Gewinnwachstum}}$$

Sind KGV und Gewinnwachstum identisch, liegt das PEG bei 1. Günstig gilt eine Aktie, wenn der Wert bei 1 oder tiefer liegt (Gewinnwachstum ist größer als KGV).

Der Berechnungszeitraum

Eine mögliche Schwachstelle ist wiederum der Berechnungszeitraum. Zuletzt im Börsenboom 2006/2007 wurden mehrjährige Wachstumsperioden betrachtet. So gingen damals die Wachstumsaussichten für das laufende und zwei weitere Jahre in die PEG-Berechnung mit ein. Es hat sich aber gezeigt, dass es angesichts der unberechenbaren Konjunkturentwicklung fast unmöglich ist, zuverlässige Schätzungen für die nächsten 2 oder 3 Jahre abzugeben. In „Morriens Power-Depot" setze ich daher fast nur das KGV des laufenden mit dem Gewinnwachstum des aktuellen Geschäftsjahres in Bezug. Mehrjahresergebnisse wären noch aussagekräftiger, in schwankenden Konjunkturphasen sind die dafür notwendigen Gewinnaussagen aber zu unsicher.

Das PEG ist eine sinnvolle Ergänzung zum traditionellen KGV und zeigt an, dass eine Aktie mit einem KGV von 30 nicht zu teuer sein muss, wenn das Gewinnwachstum stimmt. Umgekehrt kann ein KGV von 10 teuer sein, wenn das Gewinnwachstum nur bei 2 oder 3% liegt.

3) Kurs-Umsatz-Verhältnis (KUV)

Mit dem KGV und PEG habe ich Ihnen Kennzahlen vorgestellt, die vom Gewinn des Unternehmens abhängen. Das Kurs-Umsatz-Verhältnis (KUV) können Sie unabhängig vom Gewinn ermitteln. Das ist speziell bei jungen Wachstumsunternehmen wichtig, die noch keine Gewinne erwirtschaften. Das KUV können Sie auf 2 Arten berechnen:

$$KUV = \frac{\text{Marktkapitalisierung}}{\text{Umsatz}} \quad \text{oder} \quad \frac{\text{Aktien-Kurs}}{\text{Umsatz je Aktie}}$$

Grundsätzlich gilt: Je niedriger das KUV, desto preiswerter ist eine Aktie.

Hier 3 Beispiele für die Einsatzmöglichkeiten des KUV.

a) 2 junge Unternehmen entwickeln neue Suchsysteme für das Internet. Sie stehen in direktem Wettbewerb und bearbeiten den gleichen Markt. Da die Unternehmen noch rote Zahlen schreiben, fällt das Kurs-Gewinn-Verhältnis als Vergleichskriterium aus. Besitzt jetzt ein Unternehmen ein KUV von 4 und das andere eins von 6, ist das erste günstiger bewertet.

b) Die Chip-Industrie ist sehr schwankungsstark. In einem Jahr verdient ein Chiphersteller einen Milliarden-Betrag, im nächsten Jahr fallen Verluste an. Damit das Unternehmen auch im Verlustjahr mit Konkurrenten verglichen werden kann, ist das KUV ein Hilfsmittel.

c) Sie möchten eine Chemie-Aktie kaufen, doch die 2 interessantesten Unternehmen haben ein identisches KGV. In diesem Fall bieten sich weitere Vergleichskriterien an. Besitzt das eine Unternehmen ein KUV von 0,8 und das andere eins von 1,2, ist das erstere preisgünstiger. Faustformel: Bei etablierten Unternehmen, die sich nicht mehr in der Wachstumsphase befinden, gilt ein KUV von unter 1 als günstig.

4) Kurs-Buchwert-Verhältnis (KBV)

Das Kurs-Buchwert-Verhältnis (KBV) zeigt Ihnen an, wie das Eigenkapital eines Unternehmens an der Börse bewertet wird (Buchwert und Eigenkapital sind in etwa deckungsgleich).

Die Berechnung:

$$KBV = \frac{\text{Marktkapitalisierung}}{\text{Buchwert}} \quad \text{oder} \quad \frac{\text{Aktien-Kurs}}{\text{Buchwert je Aktie}}$$

Besonders interessant sind Unternehmen, die ein KBV von unter 1 aufweisen. Bei diesen Unternehmen ist der Substanzwert höher als der Börsenwert.

Es muss sich aber nicht zwangsläufig um ein Schnäppchen handeln. Schreibt ein Unternehmen zum Beispiel Verluste und vernichtet Eigenkapital, ist ein Abschlag gerechtfertigt. Erzielt das Unternehmen dagegen Gewinne und hat auch ansonsten positive Aussichten, deutet ein KBV von unter 1 auf eine deutliche Unterbewertung hin.

Die Finanzinvestoren schauen, wenn sie neue Übernahmekandidaten suchen, oft auf diese Kennzahl. Ein Beispiel ist der Chemie-Wert Celanese, der durch sein niedriges KBV von 0,6 aufgefallen ist. Das Ergebnis: eine Übernahme durch einen amerikanischen Finanzinvestor. Die Celanese-Aktie hatte ich mit Hinweis auf das niedrige KBV zum Kauf empfohlen.

5) Kurs-Cashflow-Verhältnis (KCV)

Die Kennzahl Kurs-Gewinn-Verhältnis (KGV) hat sich international als Kriterium für die Bewertung einer Aktie durchgesetzt. Dabei ist das KGV in Fachkreisen nicht unumstritten. Der Grund: Der Jahresüberschuss, also die Grundlage der Berechnung, kann von den Unternehmen in die gewünschte Richtung gesteuert werden.

Legale Bilanzierungstricks können vom Management genutzt werden, um den Jahresüberschuss zu beeinflussen. Speziell die Rückstellungen und Abschreibungen werden sehr gern zur „Feinjustierung" genutzt, um das gewünschte Ergebnis zu erhalten. Das KGV ist daher immer mit einer gewissen Vorsicht zu genießen.

Ein objektiveres Bild von der Finanzkraft eines Unternehmens bietet der Cashflow. Das ist der Nettozugang an liquiden (flüssigen) Mitteln während einer festgelegten Periode; also zum Beispiel in einem Geschäftsjahr.

Sie können den Cashflow berechnen, indem Sie zu dem um außerordentliche Faktoren bereinigten Jahresüberschuss die Abschreibungen auf das Anlagevermögen sowie Veränderungen der langfristigen Rückstellungen addieren.

Das KCV wird wie folgt berechnet:

$$KCV = \frac{\text{Aktienkurs}}{\text{Cashflow pro Aktie}}$$

Wie beim KGV gilt: Je niedriger das KCV, desto günstiger ist die Aktie bewertet (wobei stets mehrere Kennzahlen miteinander verglichen werden sollten). Besonders hellhörig sollten Sie werden, wenn KGV und KCV weit auseinander liegen oder sich in einer Periode unterschiedlich entwickelt haben.

6) Dividenden-Rendite

Speziell im Frühjahr gewinnt die Dividenden-Rendite an Bedeutung. Der Grund: In den Monaten April und Mai finden die meisten Hauptversammlungen statt. Einen Tag nach der Hauptversammlung wird dann in der Regel die festgelegte Dividende an die Aktionäre ausgeschüttet.

Die Dividende wird von vielen Anlegern unterschätzt. Langfristige Studien haben gezeigt, dass Sie mit Aktien Durchschnittsrenditen von 8 bis 10% erreichen können. Kursgewinne sind aber nur ein Bestandteil. Fast die Hälfte des Zuwachses hängt von den Dividenden ab. Zahlt ein Unternehmen regelmäßig Dividenden in Höhe von 4 bis 5% aus, haben Sie rund 50% des Potenzials schon erreicht.

Die Dividenden-Rendite wird wie folgt berechnet:

$$\text{Dividenden-Rendite (in \%)} = \frac{\text{Dividende je Aktie}}{\text{Aktienkurs}} \times 100$$

Bei der Berechnung dieser Kennzahl gibt es ein methodisches Problem, das nicht befriedigend gelöst werden kann: Berücksichtigt man die zuletzt gezahlte Dividende oder die erwartete Dividende?

Die erste Methode hat den **Vorteil,** dass die Zahlen dann gesichert sind. Der **Nachteil** liegt auf der Hand: Aus der alten Dividende lässt sich nicht unbedingt auf die zukünftige schließen. Wählt man die erwartete Dividenden-Ausschüttung, muss man immer mit der Ungewissheit leben, ob die Ausschüttungshöhe tatsächlich erreicht wird.

Optionsscheine

Optionsscheine beherrschen – einfach gemacht

Das folgende Kapitel zeigt Ihnen, dass Optionsscheine nicht nur für Daytrader geeignet sind, die jetzt einsteigen und in 10 Minuten schon wieder hektisch verkaufen. Sie können auch **als risikobewusster Investor** Optionsscheine als kurz- und mittelfristige Trading-Positionen sinnvoll einsetzen, um Extra-Gewinne zu erzielen.

Dafür benötigen Sie nur:
- Ihre Erfahrung an den Aktienbörsen und einen bevorzugten Titel als Basiswert
- Kenntnisse über Optionsscheine, wie sie Ihnen in diesem Kapitel vermittelt werden
- Das Wissen, dass höhere Gewinnchancen auch zwangsläufig mit größeren Risiken verbunden sind. Sie müssen sich nicht für einen Schein mit einem 20-fachen Hebel entscheiden. Ein „kleiner Hebel" kann auch sinnvoll sein.
- Das Wissen über die richtigen Kennzahlen, auf die es ankommt, damit Sie aus mehr als 80.000 in Deutschland handelbaren Optionsscheinen einfach den besten aussuchen können.

Selbst wenn Sie bislang noch keine oder wenig Erfahrungen mit Optionsscheinen erworben haben, sollten Sie sich von den schwierigen theoretischen Einführungen durch die Banken nicht irritieren lassen. Es genügt, wenn Sie sich mit den wichtigsten Eigenschaften befassen. Zwar gibt es mehr als ein Dutzend Kennzahlen für Optionsscheine, die aber zumeist auch professionellen Großinvestoren nicht mehr weiterhelfen, weil sie zu komplex und nichtssagend sind.

In „Morriens Power-Depot" achte ich bei der Optionsschein-Auswahl stets darauf, sichere, anlegerfreundliche Optionsscheine zu empfehlen. Neben dem Gewinnpotenzial ist das ein wichtiges Auswahlkriterium für meine Optionsschein-Empfehlungen. Damit meine Arbeit für Sie transparent wird, zeige ich Ihnen im Folgenden, worauf es mir bei der Optionsschein-Auswahl ankommt.

Optionen und Optionsscheine

Wenn Sie eine Option auf einen Basiswert (beispielsweise Aktie oder Index) kaufen, haben Sie das Recht, eine bestimmte Menge vom Basiswert zu einem vorab festgelegten Preis (Basispreis) zu kaufen (**Call**) oder zu verkaufen (**Put**). Beachten Sie: Calls können Sie bei steigenden Aktienkursen einsetzen, um die Gewinne zu hebeln. Mit Puts dagegen sichern Sie bei fallenden Aktienkursen bestehende Positionen ab.

Das Bezugsverhältnis gibt an, auf wie viele Einheiten des Basiswertes sich die Option bezieht (üblich von 1 Basiswert [Aktie] für 1 Option [1:1] bis zu 1 Basiswert [Aktie] für 1.000 Optionen [1:1.000]). Das Recht der Option können Sie entweder am Laufzeitende (europäische Option) oder bereits während der Laufzeit (amerikanische Option) ausüben.

Ein Optionsschein (Englisch: Warrant) schließlich ist eine Option, die in einem Wertpapier verbrieft ist. Optionsscheine können Sie an der Börse handeln.

Beispiel: Optionsschein auf die Allianz-Aktie	
Ausstattung eines Optionsscheins auf die Allianz-Aktie	
Typ	Kaufoption (Call)
Basiswert	Allianz-Aktie
Bezugsverhältnis	1 zu 10
Basispreis	120 €
Laufzeit	17.12.2015
Style	Amerikanische Option
Optionspreis	1,07 €
Kurs Aktie	122,00 €

Der Käufer des Optionsscheins erwirbt das Recht, bis zum 17. Dezember 2015 für 10 Optionsscheine einer Allianz-Aktie zum Preis von 120 € zu kaufen (Basispreis). Dafür zahlt der Anleger den Preis von 1,07 € je Optionsschein. Vorteil: Steigt die Allianz-Aktie ausgehend vom Kurs von 122,00 € weiter, wird der Optionsschein wertvoller.

Ihre Vorteile dank der Hebel-Wirkung von Optionsscheinen
Entweder Sie erzielen bei positivem Verlauf mit gleichem Einsatz höhere Gewinne, oder mit niedrigerem Einsatz den gleichen Gewinn wie beim Direktkauf etwa der Aktie.

Achtung: Mit den höheren Gewinnchancen kaufen Sie automatisch größere Verlustrisiken ein (wegen der Hebel-Wirkung). Der Allianz-Call aus dem Beispiel besitzt bei einem Aktienkurs von 122,00 € einen inneren Wert von 0,20 €. (Wie Sie den „inneren Wert" genau berechnen, erfahren Sie auf der Seite 63.) Fällt die Aktie auf 120 €, liegt der innere Wert bei 0 €. Der Hebel steht in diesem Beispiel bei 5,7 (5,7-mal so hohe Verluste wie bei dem Direktkauf der Aktie). Schlimmstenfalls können Sie sogar Ihren gesamten Einsatz verlieren.

Investieren Sie maximal 50% Ihrer kurzfristigen Trading-Positionen in Optionsscheine. Ziehen Sie gleichzeitig Stop-Loss-Limits. Wegen der hohen Hebel und der damit verbundenen stärkeren Kursschwankungen ziehen Sie aber Stop-Loss-Limits etwa 20 bis 35% unterhalb des Höchstkurses.

Bürokratische Pflicht: „Termingeschäftsfähigkeit"
Weil mit Optionsscheinen so hohe Risiken verbunden sind, müssen Sie sich als Investor von Banken über die besonderen Risiken aufklären lassen. Sie kommen dieser Pflicht nach, indem Sie die „Termingeschäftsfähigkeit" erwerben. Sollten Sie dies noch nicht gemacht haben, lohnt deshalb ein Gang zur Bank: Termingeschäftsfähigkeit heißt in der Praxis für Sie nichts anderes, als ein Papier zu unterschreiben, aus dem hervorgeht, dass Sie über die Risiken aufgeklärt wurden.

**Ihr Verlustrisiko ist durch Stop-Loss-Marken begrenzt –
Ihre Gewinnmöglichkeiten sind nach oben offen**

Das Verlustpotenzial ist für Sie als Käufer eines Optionsscheins – egal ob es sich um einen Call oder einen Put handelt – immer auf den Optionspreis begrenzt. Durch den Einsatz von Stop-Loss-Marken können Sie das Verlustrisiko sogar auf 20 oder 30% einschränken. Das Gewinnpotenzial ist hingegen unbegrenzt groß.

Der Verkäufer des Optionscheins, der Stillhalter, geht hingegen ein theoretisch unbegrenztes Verlustrisiko ein. Stillhaltergeschäfte können Sie an Terminbörsen wie der Eurex tätigen. Von solchen Geschäften rate ich grundsätzlich ab. Empfehlungen mit unbegrenzten Verlustrisiken (und Nachschusspflicht) werden Sie in den Eil-Mitteilungen nie finden.

Die „implizite Volatilität": oft unterschätzter Wert-Faktor

Eine weitere wichtige Komponente, die den Preis einer Option beeinflusst, ist die implizite Volatilität. Darunter versteht man die **erwartete Schwankungsbreite des Basiswertes.** Bei stark schwankenden Aktienkursen können Sie eher davon ausgehen, dass diese einmal einen inneren Wert aufbauen („gewinnen"). Daher werden Sie mit Optionsscheinen mehr gewinnen, je stärker die Märkte schwanken.

Das ist der Grund, weshalb Optionsscheine jetzt wieder etwas „wertvoller" werden: Die Märkte drohen nach Zinsänderungen wieder stärker zu schwanken.

Faustformel für Sie: Je höher die Volatilität, umso teurer die Option. Je höher die Volatilität, desto nervöser werden die Märkte allerdings auch.

Daraus können Sie folgende Konsequenz ableiten: Sobald Sie mit starken Schwankungen in der Zukunft rechnen, sind Optionsscheine eine erstklassige Wahl: Sie kaufen diese, solange die

Marktschwankungen noch nicht sehr groß sind und verkaufen sie bei stärker schwankenden Märkten. Vergleichen Sie dafür den „Volatilitätsindex V-DAX" der Deutschen Börse AG. Dieser Index misst die Schwankungsbreiten der 30 DAX-Aktien.

Das bedeutet die Volatilität für Ihre Optionsschein-Auswahl

Fallende Börsenkurse sind meist mit einer steigenden Volatilität verbunden. Das tut den Optionspreisen gut. Put-Optionen profitieren bei fallenden Kursen oft doppelt. Sie gewinnen durch die richtige Entwicklung des Basiswertes und erhalten einen zusätzlichen Schub durch die „Vola".

Achtung vor der „Vola-Falle"

Steigende Aktienkurse gehen hingegen meist mit einer fallenden Schwankungsbreite einher. Mit einem Call (Kauf-Optionsschein) profitieren Sie dann zwar von den Kursgewinnen des Basiswertes, doch die rückläufige Volatilität macht die Option billiger. Das kann sogar so weit führen, dass ein Call-Optionsschein an Wert verliert, obwohl der zugehörige Basiswert gestiegen ist. Man spricht in einer solchen Situation von der „Vola-Falle", in die auch Optionsschein-Profis noch tappen.

Dennoch können Sie ein böses Erwachen vermeiden. Sie können die „Vola" im Auge behalten, einschätzen und von ihr gegebenenfalls profitieren. Oder Sie entscheiden sich für einen Optionsschein, der kaum unter den Änderungen der Schwankungsbreite leidet.

Mit dieser Strategie finden Sie den richtigen Optionsschein – mit Empfehlungen

Die Optionsschein-Auswahl ist kein leichtes Unterfangen. Bei mehr als 80.000 Scheinen, die in Deutschland gehandelt werden, gleicht dieser Prozess sogar der Suche nach der bekannten „Nadel im Heuhaufen".

Die meisten der „Warrants" beziehen sich auf Aktien oder Aktienindizes. Darüber können Sie im spekulativen Bereich Optionsscheine auf diese Basiswerte finden:

- Zinsen oder Anleihekurse (Bund-Future)
- Devisenkurse wie zum Beispiel Euro/Dollar-Verhältnis, Dollar/Yen-Verhältnis oder auch Euro/Pfund-Verhältnis
- Edelmetalle wie Gold, Silber oder Platin

Gehen Sie bei der Auswahl schrittweise vor. Hilfestellung bietet Ihnen das Internet als schnellstes Medium für solche Titel. Finanzdienstleister wie die Kölner Onvista AG (www.onvista.de) oder die führende Optionsscheinbörse in Stuttgart (www.euwax.de) bieten auf ihren Internet-Seiten wertvolle Werkzeuge zur Optionsscheinanalyse.

Weiche Kriterien: Der richtige Optionsscheinhandel

Neben den harten Fakten können bei der Optionsscheinauswahl auch weiche Kriterien eine Rolle spielen. Achten Sie beispielsweise auf die Handelszeiten.

Denn: Nicht jeder Emittent stellt bis zum Schluss der Wall Street um 22 Uhr Kurse. Damit verpasst ein Optionsschein die neuesten Entwicklungen. Nicht nur, dass Ihnen damit eine Gewinn-Chance entgeht. Besonders ärgerlich sind die unnötigen Verlustrisiken.

Mein Tipp: Achten Sie zudem auf Werbeaktionen der verschiedenen Emittenten. Einige Direktbanken bieten Optionsscheine zeitweise günstig an (Spread).

Nach der Auswahl des passenden Optionsscheins stellt sich die Frage nach dem besten Handel.

Hier haben Sie als Anleger zwei Möglichkeiten: Sie können den Optionsschein

● über die Börse erwerben

● oder direkt mit dem Emittenten handeln

a) Der Handel über die Börse

Der Handel von Optionsscheinen und anderen verbrieften Derivaten ist über die Börsen in Frankfurt, Stuttgart, Düsseldorf und Berlin möglich. **Achtung:** Über das elektronische Handelssystem Xetra sind solche Produkte nicht handelbar.

Die Umsatzverhältnisse sind im Segment Optionsscheine anders verteilt als bei Aktien. Während Xetra und das Frankfurter Parkett bei deutschen Standardaktien fast den kompletten Umsatz anziehen, liegt bei Optionsscheinen die Stuttgarter Börse vorn.

Als Börsenplatz empfehle ich Ihnen in den Eil-Mitteilungen fast immer die liquiden Derivatebörsen in Stuttgart oder Frankfurt.

Wie groß die Börsenumsätze sind, spielt in der Praxis allerdings kaum eine Rolle. In mehr als 90% der Fälle handeln Sie als Investor ohnehin mit dem Emittenten. Konkret passiert Folgendes:

● Sie ordern Optionsscheine genau wie beim Aktienkauf.

● Der Makler an der Börse prüft, ob das Limit der Order zu dem Geld- oder Briefkurs des Emittenten passt.

● Ist dies der Fall, kommt der Handel zustande.

Vorteil des Händlerhandels: So haben Sie Sicherheit, dass Sie Optionsscheine über die Börse an- und verkaufen können. Falls Sie Orders platzieren wollen, erkundigen Sie sich nach den Umsätzen (und Preisen) in Stuttgart und Frankfurt.

b) Der außerbörsliche Handel

Neben dem Handel über eine Börse bieten einige Banken auch den Direkthandel mit dem Emittenten an. Hier nennt der Optionsscheinanbieter einen Preis, der bis zu einer bestimmten Stückzahl gültig ist. Sie haben dann einige Sekunden Zeit, um den Preis zu akzeptieren.

Ihre Vor- und Nachteile beim außerbörslichen Handel

Der außerbörsliche Handel ist kostengünstiger, weil hier die Maklercourtage entfällt. Zudem können Sie bei den meisten Emittenten länger handeln als über die Börsen. Die Börsenplätze haben in der Regel von 9 bis 20 Uhr geöffnet.

Gute Optionsscheinanbieter stellen Ihnen Kurse von 8 bis 22 Uhr, also bis zur Schlussglocke an der New Yorker Wall Street.

An der Börse können Sie für Optionsscheine auch Limit- oder Stop-Loss-Order platzieren. Dies ist im Direkthandel nicht möglich. Zudem besteht bei besonders umsatzstarken Scheinen die Möglichkeit, dass ein Kurs innerhalb der Geld-/Briefspanne festgestellt wird und Sie auf diese Weise günstiger handeln. Andererseits fehlt Ihnen beim außerbörslichen Handel der Emittent als ständiger Geschäftspartner. So büßen Sie einen erheblichen Teil der möglichen Sicherheit ein.

Wichtige Kennzahlen eines Optionsscheins

Mit diesen 6 Kennzahlen können Sie Optionsscheine analysieren und bewerten
1) Implizite Volatilität
2) Aufgeld
3) Hebel
4) Delta
5) Innerer Wert und Zeitwert
6) Theta

1) Implizite Volatilität

Die implizite Volatilität (erwartete Schwankungsstärke) ermöglicht es Ihnen, verschiedene Optionsscheine auf denselben Basiswert und mit vergleichbaren Eigenschaften in Bezug auf die Restlaufzeit und den Basispreis hinsichtlich ihrer Attraktivität zu bewerten.

Wichtig: Grundsätzlich ist der Optionsschein mit der niedrigsten impliziten Volatilität am günstigsten bewertet und somit Ihre 1. Wahl.

Die Volatilität ist ein statistisches Maß für die Schwankungsintensität des Basiswerts und definiert somit die Chance, dass sich der Kurs des Basiswerts innerhalb der Laufzeit in eine für Sie, den Optionsschein-Besitzer, günstige Richtung entwickelt.

Die Emissionsbanken, die Optionsscheine auf den Markt bringen, kalkulieren den Optionsschein-Preis wie folgt: Schwankt der Basiswert (zum Beispiel eine Aktie) sehr stark, muss die Bank damit rechnen, dass der Kurs auch in eine für den Investor günstige Richtung pendelt. Daher werden die Banken mehr Geld für einen Optionsschein verlangen. Erwarten die Banken dagegen nur geringe Schwankungen, ist ihr Risiko, dass der Basiswert genau in die vom Anleger gewünschte Richtung marschiert, geringer und sie bieten den Optionsschein günstiger an.

Die konkreten Auswirkungen auf den Optionsschein-Kurs: Wenn alle Kennzahlen wie Kurs des Basiswerts, Zinserwartung und Dividende konstant bleiben und nur die implizite Volatilität steigt, wird das den Kurs des Optionsscheins nach oben treiben. Gleichzeitig gilt auch: Sinkt die Volatilität, verliert Ihr Optionsschein an Wert, obwohl sich der Kurs des Basiswerts gar nicht bewegt hat.

Da ein Optionsschein bei Konstanz aller anderen Bewertungskennzahlen mit einer Erhöhung der Volatilität teurer wird, bedeutet die niedrige implizite Volatilität eines Optionsscheins aus Sicht des Käufers eine vergleichbar günstige Bewertung und der Optionsschein sollte daher bevorzugt werden. Dabei müssen Sie jedoch beachten, dass nur Optionsscheine auf denselben Basiswert und mit ähnlichen Eigenschaften hinsichtlich der Restlaufzeit und des Basispreises miteinander verglichen werden können.

Volatilität und Basiswert

Kennzahlen wie die Volatilität sind wichtig, über den Erfolg Ihres Optionsscheins entscheidet aber letztendlich, ob sich der von Ihnen gewählte Basiswert (zum Beispiel eine Aktie oder ein Index) in die von Ihnen erwartete Richtung bewegt. Bei einem Kauf-Optionsschein (Call) muss der Basiswert steigen, bei einem Verkaufs-Optionsschein (Put) sinken.

In einem zweiten Schritt sollten Sie dann Kennzahlen wie Restlaufzeit und die implizite Volatilität einzelner Optionsscheine in Ihre Überlegungen einbeziehen, da sie die relative Attraktivität innerhalb vergleichbarer Optionsscheine transparent macht und somit eine Verbesserung der Rendite bei Eintreten der erwarteten Kursentwicklung des Basiswerts erwarten lässt.

2) Aufgeld

Der Ausdruck „Aufgeld" ist etwas missverständlich. Es handelt sich nicht um eine zusätzliche Gebühr, die Sie beim Optionsscheinhandel bezahlen müssen, wie man vielleicht auf Grund der Formulierung vermuten könnte. Das Aufgeld beschreibt Ihre Gewinnchancen. Es drückt aus, um wie viel Prozent der Basiswert (Aktie, Index, Währung) bis zur Fälligkeit steigen (Kauf-Optionsschein) oder fallen (Verkaufs-Optionsschein) muss, damit Sie die Gewinnschwelle erreichen.

Bei einem Kauf-Optionsschein (Call) auf die Siemens-Aktie bedeutet ein Aufgeld von 10%, dass die Aktie bis zum Laufzeitende um 10% steigen muss, damit Sie die Gewinnschwelle erreichen.

Gefahr: Zu hohes Aufgeld

Bei der Auswahl von Optionsscheinen spielt das Aufgeld eine entscheidende Rolle. Laufzeit, Hebel und Spread können noch so attraktiv sein; wenn das Aufgeld zu hoch ist, sollten Sie verzichten. Fragen Sie sich vor jedem Kauf: Hat der Basiswert genug Potenzial, um das Aufgeld auszugleichen?

Trauen Sie zum Beispiel der Siemens-Aktie nur ein Aufwärts-Potenzial von 5 bis 10% zu, sollten Sie keinen Optionsschein mit einem Aufgeld von 10% auswählen. Selbst wenn die Aktie um 10% steigt, würden Sie nur die Gewinnschwelle erreichen, also am Ende bei +-0 liegen. Ein Optionsschein mit einem Aufgeld von 10% ist für Sie tatsächlich nur dann interessant, wenn Sie dem Basiswert eine Kurssteigerung um 15, 20 oder noch mehr Prozent zutrauen.

Das Aufgeld zeigt Ihnen aber nicht nur an, ob ein Optionsschein als Kaufkandidat in Frage kommt. Mit der Kennzahl **„Aufgeld pro Jahr"** können Sie verschiedene Optionsscheine vergleichen.

Auf bekannte Aktien wie Siemens gibt es über 1000 verschiedene Optionsscheine. Ein Kriterium, um den besten Optionsschein herauszufiltern, ist das Aufgeld pro Jahr. Dabei wird das vorher beschriebene Aufgeld auf Jahresbasis umgerechnet. Die Frage lautet dann: Um wie viel Prozent muss der Basiswert innerhalb eines Jahres steigen, damit die Gewinnschwelle erreicht wird?

Mit diesem Trick können Sie unterschiedlich ausgestattete Optionsscheine vergleichbar machen (wobei das Aufgeld pro Jahr ein sehr wichtiges, aber nicht das einzige Kriterium ist). **Es gilt: Je niedriger das Aufgeld, umso besser.**

3) Hebel

Die Hebel-Wirkung macht den Reiz des Optionsscheins gegenüber einer Aktie oder eines Indizes aus. Der Grundeffekt des Hebels ist recht einfach: Beim Kauf eines Optionsscheins müssen Sie wesentlich weniger Kapital investieren als beim Direkt-Kauf eines Basiswerts (zum Beispiel einer Aktie). Da Sie auf den gleichen Basiswert setzen, jedoch weniger Kapital investieren, profitieren Sie überproportional von einer Kurssteigerung.

Leider gibt es 2 Hebel-Begriffe, sodass es leicht zu fehlerhaften Berechnungen kommen kann.

a) Theoretischer Hebel

Der theoretische Hebel gibt an, um wie viel mal mehr der Optionsschein bei einem konstanten Aufgeld (!) steigt oder fällt, wenn der Basiswert um 1% steigt.

Beispiel: Steigt eine Aktie um 5%, und der betreffende Optionsschein hat einen Hebel von 3, steigt der Optionsschein um 15%. Die Aussagekraft dieses Hebels ist aber sehr gering, denn: Das Aufgeld bleibt fast nie konstant.

Um das zu veranschaulichen, möchte ich Ihnen ein Praxisbeispiel aus meiner Redaktionssprechstunde schildern. Ein Leser rief mich an und bat mich um eine Analyse eines Optionsscheins. Basiswert war der Skandalwert EM TV. Die Aktie hatte sich von 1 auf 2 € verdoppelt, und der Optionsschein hatte einen theoretischen Hebel von 7. Bei einer Kursverdopplung der Aktie hätte der Optionsschein sogar um 700% zulegen müssen; so die Überlegung des Lesers.

Jedoch: Der Optionsschein bewegte sich nicht einmal um einen Cent. Die Lösung war das hohe Aufgeld. Der Optionsschein wurde mitten in der Boomphase auf den Markt gebracht und hatte einen Basispreis von 80 € (die EM TV-Aktie kostete 1999 fast 100 €). Ich musste daher den Leser enttäuschen: Der Optionsschein wird sich nur dann bewegen, wenn die Aktie zumindest ansatzweise Richtung 80 € marschiert. Eine Verdopplung von 1 auf 2 € verpufft dagegen.

Der theoretische Hebel kann daher sehr irreführend sein, wenn zwischen dem Aktien-Kurs und dem Basispreis des Optionsscheins eine große Differenz ist.

b) Omega-Hebel

In den Eil-Mitteilungen des Power-Depots finden Sie daher grundsätzlich nur die aussagekräftige Kennzahl Omega-Hebel. Diese Kennzahl gibt die tatsächliche Hebel-Leistung des Optionsscheins an. Das Omega gibt an, um welchen Prozentsatz sich der Kurs des Optionsscheins bei einer Kursbewegung des Basiswerts um 1% verändert.

Das Ergebnis ist wesentlich genauer, weil hier zusätzlich das „Delta" berücksichtigt wird.

4) Delta

Die Kennzahl „Delta" zeigt Ihnen an, wie sich der Preis des Optionsscheins entwickelt, wenn sich der aktuelle Kurs des Basiswerts um eine Einheit ändert.

Beispiel: Ein Kauf-Optionsschein auf die Telekom-Aktie mit einem Delta von +0,5, wird bei einem Anstieg der Telekom-Aktie um 1 € theoretisch um 0,50 € gewinnen (sollte das Bezugsverhältnis nicht bei 1:1 liegen, müssen Sie den Delta-Wert mit dem Bezugspreis multiplizieren). Bei Kauf-Optionsscheinen (Call) bewegen sich die Delta-Werte zwischen 0 und +1 (bzw. 0% und 100%), bei Verkaufs-Optionsscheinen (Put) zwischen −1 und 0 (bzw. −100% und 0%).

Die Wichtigkeit des Delta erkennen Sie an folgender Faustformel: Delta = Ausübungswahrscheinlichkeit. Das bedeutet, dass Sie bei einem Delta von 1 mit sehr großer Wahrscheinlichkeit davon ausgehen können, dass der Kurs des Basiswerts am Ende über dem Basispreis liegt, Sie die Option also auch ausüben können.

Beispiel: Die Telekom-Aktie notiert bei 10 €, der Basispreis liegt nur bei 5 €. Die Wahrscheinlichkeit, dass die Telekom-Aktie unter 5 € fällt, ist sehr gering. Daher wird die Kennzahl Delta fast bei 1 (100%) liegen. Läge der Basispreis dagegen bei 100 €, wäre das Delta fast bei 0, da die Wahrscheinlichkeit, dass die Telekom-Aktie über 100 € steigt, sehr gering ist. Das heißt für Ihre Auswahl: Je niedriger die Kennzahl Delta, desto höher ist das Risiko.

Wie auch der bereits beschriebene Omega-Hebel ist das Delta keine konstante Größe. Bewegungen beim Basiswert, bei der erwarteten Schwankungsstärke (Volatilität) oder bei der Restlaufzeit beeinflussen das aktuelle Delta.

Jetzt zur praktischen Anwendung: Ich habe Ihnen den theoretischen und den Omega-Hebel vorgestellt. Mit der Kennzahl Delta können Sie diese beiden Hebel-Varianten verbinden. Der theoretische Hebel zeigt Ihnen an, wie viel Optionsscheine (bereinigt um das Bezugsverhältnis) Sie für den Preis des Basiswerts erwerben können. Es ist also die Messzahl für Ihren Kapitaleinsatz.

Formel theoretischer Hebel:

$$\text{Theoretischer Hebel} = \frac{\text{Kurs Basiswert}}{\text{Optionsscheinpreis} \times \text{Bezugsverhältnis}}$$

Mit den Kennzahlen Delta und theoretischer Hebel können Sie jetzt den **eigentlichen Hebel,** der Ihnen die reale Hebel-Wirkung anzeigt, den Omega-Hebel, ermitteln. Ein Omega-Hebel von 3 bedeutet zum Beispiel, dass der Optionsschein um 12% steigt, wenn der Basiswert um 4% steigt.

$$\text{Omega} = \text{Delta} \times \text{theoretischer Hebel}$$

Praxisbeispiel: Deutsche Telekom

Aktien-Kurs Deutsche Telekom:	10,00 €
Basispreis:	8,00 €
Optionsscheinkurs:	0,50 €
Bezugsverhältnis:	0,1 (1:10)
Delta:	0,85
Theoretischer Hebel:	$\frac{10 \times 0,1}{0,50} = 2$
Omega:	$0,85 \times 2 = 1,7$

5) Innerer Wert und Zeitwert

Der Kurs eines Optionsscheins besteht aus 2 Bestandteilen: dem inneren Wert und dem Zeitwert. Der innere Wert zeigt Ihnen an, wie viel Ihr durch den Optionsschein erworbenes Optionsrecht wert ist, wenn Sie es jetzt genau in diesem Augenblick ausüben würden.

Der Zeitwert ist dagegen eine Art „Hoffnungswert" (aus Ihrer Sicht) oder auch „Risikoprämie" (aus Sicht der Bank). Die Banken bieten Ihnen die Optionsscheine nämlich nicht zum aktuellen Wert an, sondern verlangen als Gegenleistung für die Hebel-Wirkung einen Preis-Aufschlag.

Den inneren Wert eines Optionsscheins können Sie aus der Differenz zwischen dem aktuellen Kurs des Basiswerts und dem Basispreis berechnen. Die Formel bei einem Kauf-Optionsschein (Call) lautet:

$$\text{Innerer Wert} = \frac{\text{Kurs Basiswert} - \text{Basispreis}}{\text{Bezugsverhältnis}}$$

Beispiel:

Basiswert:	Deutsche Telekom
Aktueller Kurs Basiswert:	10 €
Basispreis:	8 €
Bezugsverhältnis:	1:1
Innerer Wert:	10 − 8 = 2 €

Der innere Wert zeigt Ihnen an, dass Sie, falls Sie die Option heute zum aktuellen Kurs ausüben würden, die Telekom-Aktie mit Hilfe des Optionsscheins 2 € günstiger erwerben können als beim direkten Kauf der Aktie über die Börse. Das Optionsrecht hat damit mindestens einen Wert von 2 €.

Optionen mit einem inneren Wert bezeichnet man als Option „im Geld". Notiert der Aktienkurs bei einem Call unter dem Basispreis, befindet sich die Option „aus dem Geld", weil der Optionsschein es dem Investor nicht erlaubt, die Aktie „mit Gewinn" zu kaufen.

Befindet sich der Aktienkurs in der Nähe des Basispreises, spricht man von einer Option „am Geld".

Fachbegriffe über den inneren Wert von Optionsscheinen, wie sie in Optionsschein-Listen auftauchen

	Call	Put
Kurs des Basiswerts > Basispreis	Im Geld In the money	Aus dem Geld Out of the money
Kurs des Basiswerts = Basispreis	Am Geld At the money	Am Geld At the money
Kurs des Basiswerts < Basispreis	Aus dem Geld Out of the money	Im Geld In the money

Diese Begriffe beschreiben das Verhältnis des Optionskurses zum Basispreis (beispielsweise einer Aktie). Kaufen Sie Optionsscheine „im" oder „am Geld": Diese Optionsscheine sind deutlich sicherer. Falls ein empfohlener Optionsschein deutlich „aus dem Geld" liegt, werde ich das in den Eil-Mitteilungen ausführlich begründen, damit Sie das Risiko besser einschätzen können.

Der innere Wert ändert sich, wenn sich der Basispreis ändert. Bei einem Call steigt der innere Wert, wenn der Basiswert (etwa eine Aktie) steigt. Bei einem Put ist es umgekehrt.

Beispiel:

Ein Call und ein Put auf eine Aktie mit Basispreis von 90 € und einem Bezugsverhältnis von 100:1.

Kurs in €	Innerer Wert Call	Innerer Wert Put
60	0	0,30
70	0	0,20
80	0	0,10
90	0	0
100	0,10	0
110	0,20	0
120	0,30	0

Falls Sie einen solchen Kauf-Optionsschein auf die Aktie kaufen, sind Sie bei einem Kurs von mehr als 90 € mit dem „inneren Wert" im Plus. Steigt die Aktie weiter, gewinnen Sie überdurchschnittlich. Der Kurs der Aktie liegt 10 € über dem Optionsrecht bei 90 €. 10 € Bezugsverhältnis 1:100 (1 Aktie für 100 Optionsscheine) = 0,10 € „innerer Wert" des Optionsscheins.

Das Beispiel zeigt, wie sich der innere Wert verändert. Dabei können Sie die Hebel-Wirkung gut erkennen: Bei einem Kurs von 100 € besitzt der Call einen inneren Wert von 10 Cent. Steigt die Aktie um 10% auf 110 €, verdoppelt sich der innere Wert des Calls. Damit beträgt der Hebel bei einem Aktien-Kurs von 100 € genau 10 (wegen der Verzehnfachung des Optionsscheingewinns gegenüber dem Aktiengewinn). Die Emissionsbank wird Ihnen den Optionsschein jedoch nicht für 5 € anbieten. Als Gegenleistung für die Vorteile des Optionsscheins (geringer Kapitaleinsatz und Hebel-Wirkung) verlangt sie eine Risikoprämie.

Aus Sicht des Anlegers ist das dagegen eine Art „Hoffnungswert". Sie sind von der zukünftigen Aufwärtsbewegung des Basiswerts überzeugt und bezahlen einen höheren Preis, um von dieser Bewegung durch den Optionsschein überproportional profitieren zu können. Sie hoffen also, dass der innere Wert des Optionsscheins noch deutlich steigt.

Beispiel: Deutsche Telekom

Basiswert:	Deutsche Telekom
Aktueller Kurs Basiswert:	10 €
Basispreis:	8 €
Bezugsverhältnis:	1:1
Innerer Wert:	10 – 8 = 2 €
Kurs Optionsschein	3 €

In diesem Beispiel liegt der innere Wert bei 2 € (wie oben ausgerechnet), der Optionsschein kostet Sie jedoch 3 €. Den Zeitwert eines Kauf-Optionsscheins berechnen Sie jetzt mit der Formel:

Zeitwert = aktueller Kurs Optionsschein – innerer Wert

Zeitwert = 3 – 2 = 1 €

Der Zeitwert von 1 € zeigt Ihr aktuelles Risiko an. Wenn der Optionsschein heute fällig würde, müssten Sie mit einem Verlust von 1 € rechnen. Denn es gilt: Der Zeitwert sinkt während der Laufzeit und erreicht am Tag der Fälligkeit (Laufzeitende) einen Wert von 0. Am Tag der Fälligkeit zählt also nur noch der innere Wert.

Die Emissionsbank berechnet diesen Zeitwert nicht willkürlich, sondern berücksichtigt 3 Faktoren: Restlaufzeit des Optionsscheins, erwartete Schwankungsstärke (implizite Volatilität) und Zinsniveau. Grob vereinfacht lässt sich sagen: Je stärker der Basiswert schwankt, desto höher wird die Risikoprämie (der Zeitwert) ausfallen.

Mein Tipp: Verkaufen Sie Ihre Optionsscheine rund 3 Monate vor Laufzeitende. Der Zeitwert sinkt nämlich nicht linear, sondern speziell in der Schlussphase überproportional stark.

6) Theta

Wie im Punkt 5 erwähnt: Der Wert eines Optionsscheins besteht aus dem „inneren Wert" und dem „Zeitwert". Da die Laufzeit der klassischen Optionsscheine zeitlich begrenzt ist, nimmt der Zeitwert von Tag zu Tag ab. Es ist aber nicht so, dass der Zeitwert jeden Tag gleichmäßig abnimmt. Es gilt leicht vereinfacht: Je geringer die Restlaufzeit, desto stärker wird der Zeitwertverfall.

Die Kennzahl, die diesen Zeitwertverfall misst, heißt „Theta". Das Theta zeigt Ihnen an, wie viel ein Optionsschein bei ansonsten unveränderten Einflussgrößen im Zeitablauf an Wert verliert.

In den meisten Fällen wird das „**Wochen-Theta**" angegeben. Ein Wochen-Theta von 0,15 bedeutet zum Beispiel, dass der Optionsschein bei einem Bezugsverhältnis von 1:1 zum jetzigen Zeitpunkt 0,15 € pro Woche an Wert verliert. Beim „**Tages-Theta**" wird der Zeitwertverlust für einen Tag angezeigt. Die Kennzahl kann jedoch auch in Prozent angegeben werden. In diesem Fall bedeutet ein

Theta von 5%, dass der Optionsschein in einer Woche 5% an Zeitwert verliert.

> **Ich empfehle Ihnen nur Optionsscheine, die über eine relativ lange Laufzeit verfügen. Bei diesen Scheinen ist der Zeitwertverlust pro Tag oder Woche noch sehr gering.**

Der oben beschriebene überproportionale Zeitwertverlust in den letzten Tagen des Optionsscheins hat für die Optionsschein-Auswahl in den Eil-Mitteilungen ganz handfeste Auswirkungen.

Einige Monate vor dem Laufzeitende rate ich zum Ausstieg. Das hat 2 Gründe: Zum einen haben Sie dann einen zeitlichen Puffer und zum anderen beeinträchtigt der Zeitwertverlust nur minimal Ihr Ergebnis.

Als grobe Faustformel gilt: Rund 3 Monate vor dem Laufzeitende sollten Sie den baldigen Verkauf Ihrer Optionsscheine planen. Ein Ausreizen bis zum Laufzeitende kommt nur dann in Frage, wenn Sie kurzfristig mit einer sehr starken Kursbewegung rechnen, die stärkere positive Auswirkungen hat als der drohende Zeitwertverlust.

In 7 Schritten zum passenden Optionsschein

Schritt 1: Wählen Sie einen aussichtsreichen Basiswert (zum Beispiel eine Aktie oder einen Aktien-Index) aus

Der hohe Hebel oder das niedrige Aufgeld können noch so verlockend sein. Wenn sich der ausgesuchte Basiswert nicht in die gewünschte Richtung bewegt, können Sie mit einem Optionsschein kein Geld verdienen. Zäumen Sie das Pferd daher nicht von hinten auf. Suchen Sie erst einen Basiswert, der Ihrer Meinung nach deutliches Kurspotenzial besitzt. Setzen Sie nur auf einen Optionsschein, wenn Sie fest von einer starken Kursbewegung des Basiswerts überzeugt sind.

Schritt 2: Legen Sie ein Kursziel für den ausgesuchten Basiswert fest

Wenn Sie eine aussichtsreiche Aktie als Basiswert gefunden haben, müssen Sie sich überlegen, welches Kursziel die Aktie in einem bestimmten Zeitraum erreichen kann. In der Praxis hat sich gezeigt, dass Bauchentscheidungen („Die Aktie könnte in den nächsten Wochen ganz gut laufen") nicht sehr erfolgreich sind.

Schritt 3: Suchen Sie den Optionsschein aus, der optimal zur geplanten Anlagedauer und zum Kursziel passt

Vor dem Kauf eines passenden Optionsscheins sollten Sie eine Vorstellung haben, wie weit der Basiswert in der von Ihnen erwarteten Zeitspanne steigen (bei einem Call) oder fallen (bei einem Put) wird. Das erleichtert Ihnen die Auswahl. Gewisse Filter sind wichtig, um die sehr große Anzahl der möglichen Optionsscheine einzugrenzen.

Beispiel: Es gibt auf den deutschen Versicherer Allianz zur Zeit über 1.000 verschiedene Optionsscheine. Wenn Sie der Allianz-Aktie auf Sicht von 12 Monaten ein Kursziel von 150 € zutrauen, scheiden bei der Auswahl alle Optionsscheine aus, deren Gewinnschwelle (break even) über 150 € liegt. Da Sie erst ab der Gewinnschwelle Geld verdienen, sollten Sie sogar noch einen Puffer einbauen. Beim oben genannten Allianz-Beispiel wäre daher eine Gewinnschwelle von 145 € ein denkbarer Oberwert.

Schritt 4: Beachten Sie die Volatilität

Ist die erwartete Schwankungsstärke (implizite Volatilität) bei dem ausgesuchten Basiswert zu hoch, wird der Optionsschein (zu) teuer. Wenn es an den Börsen donnert, erhöhen die Banken oft die Risikoprämien. In diesen Zeiten lohnt sich eher der Einsatz von Hebel-Zertifikaten, weil hier die Schwankungserwartungen nicht in den Preis einfließen. Meine Empfehlung: Verzichten Sie für eine gewisse Zeit auf Optionsscheine, wenn die Schwankungen zu stark sind.

Schritt 5: Setzen Sie ein Kursziel für Ihren Optionsschein

Dieser Schritt wird oft missverstanden. Ich meine damit nicht, dass Sie einen Optionsschein sofort verkaufen sollten, sobald das Kursziel erreicht ist. Wenn möglich, sollten Sie den Kurs Ihres Optionsscheins jeden Tag kontrollieren. Erreicht der Schein das angestrebte Kursziel, empfehle ich Ihnen eine intensive Analyse. Die Untersuchungsfrage lautet: Ist der Kurs jetzt ausgereizt, oder gibt es neue Fakten (zum Beispiel sehr gute Geschäftszahlen oder neue Aufträge), die für weiter steigende Kurse sprechen? Wenn keine neuen Informationen vorliegen, bietet sich ein Verkauf an. Sind dagegen positive Fakten aufgetaucht, können Sie den Schein weiter halten.

Schritt 6: Begrenzen Sie mögliche Verluste

Setzen Sie direkt nach dem Kauf des Optionsscheins eine erste Stop-Loss-Marke. So begrenzen Sie mögliche Verluste. Je nach Höhe des Hebels, der Marktsituation und der persönlichen Risikoneigung kann der Puffer (Abstand aktueller Kurs zur Stop-Loss-Marke) bei 20 bis 30% liegen.

Schritt 7: Setzen Sie niemals alles auf einen Optionsschein

Ich empfehle Ihnen für Hebel-Instrumente (Optionsscheine und Hebel-Zertifikate) einen maximalen Depot-Anteil von 10% (selbst nach starken Kursgewinnen der Optionsscheine sollte die Quote nicht über 20% steigen). Verteilen Sie dieses „Risiko-Kapital" stets auf mehrere Optionsscheine. Die Skandale der vergangenen Jahre haben gezeigt, dass selbst ein scheinbar so konservatives Unternehmen wie der niederländische Handelskonzern Ahold in kürzester Zeit dramatisch an Wert verlieren kann. Egal wie gut die veröffentlichten Daten (Gewinn, Eigenkapital etc.) sind, es gibt keinen absolut sicheren Basiswert. Risikostreuung ist daher auch bei der Optionsschein-Auswahl oberstes Gebot. Als Obergrenze empfehle ich Ihnen eine Summe von maximal 3.000 € je Position. Bis zu dieser Grenze können Sie an der Börse Stuttgart jederzeit Optionsscheine zu angemessenen Konditionen kaufen und verkaufen.

In welchen Situationen Optionsscheine und in welchen Hebel-Zertifikate besser sind

Optionsscheine und Hebel-Zertifikate können eine sinnvolle Ergänzung zu Ihren Aktien- und Fondsinvestments sein. Zum einen können Sie damit Teile Ihres Depots absichern, zum anderen können Sie Ihre Rendite damit hebeln. Aber aufgepasst: Optionsscheine und Hebel-Zertifikate sind mit **höheren Risiken** behaftet. Wie Sie erfolgreich damit handeln, lesen Sie in diesem Abschnitt.

Der Preis eines Optionsscheins hängt nicht nur von der Entwicklung des Basiswerts und des Hebels ab. Ein wesentlicher Preisbestandteil ist – wie bereits an anderer Stelle beschrieben – die erwartete Schwankungsstärke (implizite Volatilität).

> Leicht vereinfacht gilt folgender Grundsatz: Je stärker die erwarteten Schwankungen des Basiswerts (das kann eine Aktie oder auch ein Aktien-Index sein), desto teurer wird der Optionsschein.

Daraus ergibt sich ein interessanter Schluss, den die meisten Ratgeber in Magazinen schlicht übersehen und deshalb falsch liegen: Wenn es an der Börse wie im Sommer 2011 richtig stürmisch wird, lohnt sich der Kauf von Optionsscheinen kaum noch, weil diese zu teuer sind. Die Banken nennen das „Risikoprämie". Besser ist es, Optionsscheine zu kaufen, wenn die Schwankungen gering sind und zukünftig wieder zunehmen werden, weil die Risikoprämie beim Kauf des Scheins noch gering ist.

In ruhigen Phasen Optionsscheine, in stürmischen Zeiten Hebel-Zertifikate

Nehmen wir an, Sie investieren jetzt in einen langlaufenden Kauf-Optionsschein (englisch auch „Marathon-Warrant" genannt) auf den DAX. Wählen Sie bewusst eine möglichst lange Laufzeit, damit Sie den erwarteten Anstieg des V-DAX bis zum Gipfel ausnutzen können.

Dann sind 2 Szenarien denkbar:

Szenario 1: Der DAX steigt deutlich

Falls der DAX sprunghaft anspringt, entfaltet sich eine doppelte Hebel-Wirkung. Zum einen sorgt der Hebel (Omega) für überproportionale Kursgewinne, zum anderen katapultiert die steigende Volatilität (Schwankungsbreite) den Kurs des Optionsscheins noch weiter noch oben.

Szenario 2: Der DAX bricht noch einmal ein

Sollte der DAX jedoch bei einer schwächeren Konjunkturentwicklung als zur Zeit angenommen oder wegen eines Terroranschlags einbrechen, hätten Sie eine Art Sicherheitspuffer. Stark fallende Kurse würden den Kauf-Optionsschein ins Minus ziehen, die steigende Volatilität wäre jedoch ein Gegengewicht und würde die Verluste abbremsen.

Dieser doppelte Vorteil ist der wichtigste Grund, warum ich Ihnen manchmal langlaufende Optionsscheine und keine Hebel-Zertifikate ohne Laufzeitbeschränkung empfehle. Bei Hebel-Zertifikaten hat die erwartete Schwankung keinen Einfluss auf den Zertifikate-Preis.

Einige Emissionsbanken feiern das großspurig als Durchbruch im Segment der Hebel-Produkte. Und tatsächlich: Einfacher zu berechnen sind die Hebel-Zertifikate. Sie brauchen nur den Basispreis und den aktuellen Kurs der Aktie oder des Indizes und schon können Sie mit einer einfachen Rechnung den Kurs Ihres Zertifikats berechnen.

Bei einem Optionsschein benötigen Sie dagegen eine komplizierte Formel, die die erwartete Schwankungsstärke, die Kursbewegung, das Zinsniveau und die Dividendenhöhe berücksichtigt. Um Ihnen zu demonstrieren, wie stark ein einzelner Faktor wie die erwartete Schwankungsstärke (implizite Volatilität) den Kurs eines Optionsscheins beeinflusst, folgt ein Kalkulationsbeispiel:

Auswirkung Volatilität:
DAX bleibt gleich – Kurs verändert sich um 50%

Welche Auswirkungen die erwartete Schwankungsstärke auf den Kurs des Optionsscheins hat: Je höher die Schwankungsstärke, desto teurer der Optionsschein

	DAX-Basispreis des Optionsscheins		
Volatilität	5.300	5.800	6.300
15%	7,00 €	3,44 €	1,32 €
25%	7,93 €	4,93 €	2,87 €
35%	9,12 €	6,45 €	4,46 €
45%	10,40 €	7,96 €	6,05 €
55%	11,72 €	9,47 €	7,63 €

Fiktive Optionsscheinkurse bei einem DAX-Stand von 5.800 Punkten, einem allgemeinen Zinsniveau von 5% und einem Jahr Restlaufzeit (Quelle: Goldman Sachs)

Musterrechnung anhand der oben abgebildeten Tabelle: Ein DAX-Optionsschein mit dem Basispreis 5.800 kostet bei einer erwarteten Schwankungsstärke von 15% und einem Index-Stand von 5.800 Punkten 3,44 €. In den vergangenen Jahren lag die durchschnittliche Schwankungsstärke des DAX jedoch mit rund 25% wesentlich höher.

Wenn jetzt alle Kennzahlen gleich bleiben und nur die extrem niedrige Schwankungsstärke von 15% auf den alten Durchschnittswert von 25% steigt, springt der Optionsscheinkurs von 3,44 auf 4,93 €. Das ist ein Anstieg von knapp über 43%.

Und bedenken Sie: Der Basiswert, also der DAX, hat sich in dieser Musterrechnung gar nicht bewegt. Der gesamte Gewinn von 43% resultiert ausschließlich aus der erhöhten Schwankungserwartung. Sollte sich dann noch der Basiswert in die von Ihnen gewünschte Richtung bewegen, erhalten Sie einen zusätzlichen Gewinnhebel.

Entscheidend bei dieser Strategie ist der optimale Einstiegszeitpunkt. Die besten Rendite-Chancen erreichen Sie, wenn Sie einen Basiswert mit einer erwarteten Schwankungsstärke (implizite Volatilität) von unter 20% auswählen.

Bei Hebel-Zertifikaten stellt sich Ihnen die Frage des optimalen Einstiegszeitpunktes erst gar nicht. Die einfache Handhabung ohne Berücksichtigung der Volatilität ist ohne Frage eine Vereinfachung. „Einfach" bedeutet jedoch nicht immer „besser". Viel wichtiger ist, welches Instrument Ihnen in der jeweiligen Situation die optimale Rendite-Chance bietet.

Wie Sie langlaufende Optionsscheine und Hebel-Zertifikate ohne Laufzeitbeschränkung vergleichen

Zertifikate

Neben den herkömmlichen Optionsscheinen hat sich inzwischen eine neue Generation von Hebel-Produkten etabliert, die sogar noch einen Hauch spekulativer sind: Die Knock-out-Produkte. Sie finden diese unter Namen wie Turbo, Turbo Bull/Bear oder auch Wave.

Der Unterschied zu Optionsscheinen: Diese Derivate besitzen eine Knock-out-Schwelle, die sich in der Nähe des Basispreises befindet. Wird diese Schwelle durch den Basiswert berührt oder durchschritten, tritt sofort der Knock-out ein. Das bedeutet für Sie, dass der Schein sofort wertlos verfällt oder bestenfalls ein Restbetrag ausbezahlt wird.

Knock-out-Produkte haben gegenüber den klassischen Optionsscheinen einige Vorteile:

● Die Volatilität hat kaum einen Einfluss auf den Preis. Der Preis ist somit einfacher für Sie zu kalkulieren.
● Der Hebel bleibt während der Laufzeit konstant.
● Der Zeitwert baut sich linear ab.
● Der Hebel ist oft höher, die Chancen größer.

Den Vorteilen steht allerdings der entscheidende Nachteil des größeren Risikos für Ihr Depot gegenüber. Ein „Comeback" nach dramatischen Kursverlusten ist hier nicht möglich.

Knock-out-Produkte eignen sich daher nur für sehr kurzfristige Spekulationen, etwa über wenige Tage. Auch in Zeiten einer sehr hohen Volatilität, wie im Jahr 2011, sind sie eine interessante Alternative für Sie. Optionen und Optionsscheine sind genau dann sehr teuer.

Falls Sie über mehrere Wochen oder Monate in Knock-out-Produkte investieren wollen, wählen Sie – wie ich es auch bei meinen Empfehlungen mache – ein Produkt aus, bei dem die Knock-out-Schwelle weit vom aktuellen Kurs entfernt ist. So erhöhen Sie Ihre Sicherheit drastisch.

Zertifikate und Optionsscheine im Vergleich

Mit dem Kauf eines Optionsscheins erwerben Sie das Recht, zu einem genau definierten Termin beispielsweise eine bestimmte Menge Aktien (Basiswert) zu einem vorher festgelegten Preis kaufen (Call) oder verkaufen (Put) zu dürfen.

Hebel-Zertifikate haben eine ähnliche Funktionsweise. Zertifikate auf steigende Kurse werden „Hebel-Zertifikat long", die auf fallende Kurse „Hebel-Zertifikat short" genannt.

Neben den oben bereits geschilderten Unterschieden bei der Berechnung von Optionsscheinen und Hebel-Zertifikaten (speziell die unterschiedliche Berücksichtigung der erwarteten Schwankungsstärke) gibt es noch weitere wichtige Unterschiede, die für Ihre Entscheidung zwischen diesen Wertpapieren wichtig sind:

● Hebel-Zertifikate besitzen eine sogenannte **„Knock-out-Barriere".** Berührt der Basiswert die festgelegte Kursmarke auch nur ein einziges Mal, verfällt das Zertifikat sofort wertlos. Optionsscheine laufen dagegen immer bis zum Tag der Fälligkeit.
Selbst nach schwersten Kurseinbrüchen von über 90% kann der Optionsschein-Käufer noch hoffen, dass sich der Kurs wieder erholt. Voraussetzung ist, dass eine ausreichend lange Laufzeit

(möglichst mehrere Jahre) gewählt wurde. Optionsscheine, die nur wenige Monate laufen, eignen sich dagegen nur für riskante Kurzfristspekulationen.

● Bei einem Optionsschein verändert sich der **Hebel (Omega).** In der Praxis können Sie eine einfache Faustformel verwenden: Je weiter der Optionsschein in die Gewinnzone kommt, desto geringer wird die Hebel-Wirkung. Bei einem Hebel-Zertifikat wird der Hebel mit dem Kaufvorgang quasi eingefroren.
Wenn Sie heute ein Zertifikat mit dem Hebel 4 kaufen, behalten Sie diese Hebel-Wirkung bis zum Verkauf. Falls Sie erst morgen kaufen, hat das Zertifikat vielleicht nur noch eine Hebel-Wirkung von 3,8. Aber auch dann gilt: Ab dem Kaufvorgang wird dieser Hebel für Ihre Investition eingefroren.

● Es gibt 2 Arten von Hebel-Zertifikaten: Mit **fester Laufzeit** (meistens relativ kurze Zeiträume) und **ohne Laufzeitbeschränkung** („open end" genannt). Die Zertifikate ohne Laufzeitbeschränkung ermöglichen Ihnen einen langfristigen Einsatz.
Diesen Vorteil gibt Ihnen die Bank aber nicht gratis: Bei diesen Zertifikaten werden Basispreis und Knock-out-Barriere in festgelegten Abständen (zum Beispiel am 1. eines jeden Monats) von der Bank verändert, etwa jeweils nach oben verschoben. Bei stagnierenden Kursen rückt die gefährliche Knock-out-Barriere dann immer näher, das Risiko steigt. Bei einem Optionsschein bleibt der Basispreis dagegen bis zum Laufzeitende konstant.

Die Übersicht auf Seite 79 zeigt Ihnen die Vor- und Nachteile auf und beschreibt die optimalen Einsatzbereiche.

Fazit: Optionsscheine und Hebel-Zertifikate haben Vor- und Nachteile. Es gibt kein Instrument, das immer besser ist. Die jeweils beste Wahl, ob ein Optionsschein oder doch ein Hebel-Zertifikat besser geeignet ist, nehme ich für Sie in den Eil-Mitteilungen vor.

Bei jeder Empfehlung entscheide ich mich eindeutig – je nach Situation – für 1 Instrument. Bei Ihren eigenen Investitionsideen können Sie anhand der Kriterien nun einfacher entscheiden, was für Sie in Frage kommt.

Wann Optionsscheine und wann Zertifikate für Sie besser sind

	„Marathon Warrants" (langlaufende Optionsscheine)	Hebel-Zertifikate ohne Laufzeitbeschränkung
Vorteile	• der Optionsschein kann sich während der Laufzeit auch von schwersten Rückschlägen erholen • in Zeiten starker Schwankungen bieten Ihnen Optionsscheine bei richtiger Markteinschätzung eine zusätzliche Hebel-Wirkung oder eine Art Sicherheitspuffer, falls die Kurse in die falsche Richtung laufen (Optionsschein auf steigende Kurse gekauft, der Basiswert fällt aber)	• unbegrenzte Laufzeit • Wertentwicklung hängt ausschließlich von der Entwicklung des Basiswerts ab • Hebel-Wirkung ist oft höher als bei Optionsscheinen • Hebel bleibt nach dem Kauf für Sie als Investor konstant
Nachteile	• in extremen Situationen wie der Baisse 2000 bis 2003 kann selbst eine dreijährige Laufzeit zu kurz sein • der Preis eines Optionsscheins ist schwer zu berechnen und hängt von vielen Faktoren ab • die Emissionsbank kann den Preis des Optionsscheins durch die Festlegung der erwarteten Schwankungsstärke negativ beeinflussen	• bei Erreichen der Knock-out-Barriere verfällt das Zertifikat sofort wertlos • Basispreis und Knock-out-Barriere werden regelmäßig nach oben verschoben (schleichende Gefahr bei Stagnation)
Optimaler Einsatzbereich für Sie	Marathon Warrants sind 1. Wahl, wenn Sie mittel- und langfristig deutlich höhere (dann ist ein Call richtig) oder niedrigere (dann ist ein Put richtig) Kurse beim Basiswert erwarten, zwischendurch aber immer wieder mit starken Schwankungen rechnen. Idealer Einstiegszeitpunkt: Ruhige Börsenphasen mit niedriger Volatilität wie im Frühjahr und Sommer 2004	Hebel-Zertifikate sind speziell dann für Sie interessant, wenn Optionsscheine aufgrund der hohen Kursschwankungen zu teuer sind. Ein möglicher Einsatzbereich sind auch Hebel-Zertifikate auf Aktien-Indizes, weil ein solcher Basiswert im Tagesverlauf weniger stark schwankt als Einzel-Aktien, die bei einer Gewinnwarnung durchaus 30% oder mehr innerhalb weniger Minuten verlieren können

Über den Verlag

Mit mehr als 25 Jahren Erfahrung in unabhängiger und konkreter Anlageberatung sind wir stets bestens gerüstet, Ihr Vermögen zu beflügeln.

Seit 1987 schätzen unsere Kunden die qualitativ hochwertigen und unabhängigen Informationen unserer namhaften Experten, die in unserem Fachverlag ein Netzwerk aus über 50 Analysten und Redakteuren bilden – dies unter dem Dach des renommierten Verlags für die Deutsche Wirtschaft AG.

Die Beratungskompetenz unserer Fachleute geht durch alle Finanzbereiche – von festverzinslichen Wertpapieren über Aktien und Hebelprodukte bis hin zu Immobilien. Auch steuerliche und rechtliche Aspekte sowie wirtschaftspolitische Themen beleuchten wir regelmäßig und tiefgründig – mit Hinweisen auf deren Bedeutung für das Vermögen unserer Leser.

Wohlstand aufbauen und sichern

Es geht uns schon immer darum, das Vermögen unserer Kunden zu vermehren und zu sichern – flexibel und auf verschiedenste persönliche Bedürfnisse ausgerichtet. Dabei sind wir nur unseren Kunden verpflichtet und absolut unabhängig von Banken und anderen Finanzunternehmen.

Wir haben keine eigenen Finanzprodukte – anders als Banken, die z. B. ihre eigenen Fonds verkaufen wollen. Auch sind wir nicht abhängig von Werbegeldern und verdienen keine Provisionen, wenn wir bestimmte Instrumente empfehlen.

Unsere geldwerten Informationen, wie Börsenbriefe, Traderdienste und Finanznachrichten, publizieren wir sowohl in gedruckten Medien als auch in elektronischer Form im Internet und über E-Mail-Newsletter. Dabei unterliegen sämtliche Dienste strengen Qualitätskontrollen und einer unabhängigen Prüfung durch eine Wirtschaftsprüfungsgesellschaft.

Unabhängigkeit und Kompetenz führen dazu, dass unsere Kunden mit den von uns empfohlenen Kapitalanlagen den jeweiligen Vergleichsindex deutlich schlagen – anders, als das bei den meisten Anlageinstituten und Fonds der Fall ist.

Besuchen Sie uns auf **www.gevestor.de**

Mit GeVestor erstklassig beraten in die Zukunft!